LA FACULTÉ DES ARTS

DE

L'UNIVERSITÉ DE CAEN

AU XVIIIᵉ SIÈCLE

CHAIRES ROYALES ET COLLÈGES

PAR

C. POUTHAS

Proviseur honoraire du Lycée Malherbe

CAEN
LOUIS JOUAN, ÉDITEUR
Libraire des Bibliothèques Publique et Universitaire
98, RUE SAINT-PIERRE, 98

LA FACULTÉ DES ARTS

DE

L'UNIVERSITÉ DE CAEN

AU XVIIIᵉ SIÈCLE

CHAIRES ROYALES ET COLLÈGES

PAR

C. POUTHAS

Proviseur honoraire du Lycée Malherbe

CAEN
LOUIS JOUAN, ÉDITEUR
Libraire des Bibliothèques Publique et Universitaire
98, rue Saint-Pierre, 98

—

1910

Extrait des Mémoires de l'Académie nationale des Sciences, Arts et Belles-Lettres de Caen (1909).

LA FACULTÉ DES ARTS DE L'UNIVERSITÉ DE CAEN

AU XVIIIe SIÈCLE

Organisation générale de la Faculté des Arts.

Son infériorité vis-à-vis des autres Facultés. — La Faculté des Arts, dans les Universités de l'Ancien Régime, était dite Faculté mineure. Ses membres ouvraient la marche dans les processions, et son doyen précédait les autres dans les diverses solennités : c'est qu'au moyen âge, les études littéraires et scientifiques, les arts libéraux, comme on disait, avaient eu surtout pour objet la préparation aux cours des Facultés supérieures. Avec le temps et sous l'influence des idées de la Renaissance, la Faculté des Arts avait vu s'accroître son importance et s'élargir son domaine, mais même au commencement du XVIIIe siècle, toute trace de son ancienne infériorité n'avait pas entièrement disparu. Si les professeurs royaux d'éloquence, de langue grecque et de mathématiques, et même les régents de philosophie et de rhétorique marchaient de pair avec les professeurs des autres Facultés, les régents des classes inférieures, vivant pour la plupart confinés dans l'enceinte des collèges, restaient d'ordinaire ignorés, sinon dédaignés, des Facultés supérieures. En 1699, la Faculté des Arts se plaignait que les professeurs et agrégés des Droits s'abstinssent d'assister en habits de cérémonie aux obsèques des régents des collèges. L'Université fit droit à sa requête en prescrivant à tous ses membres de se trouver aux inhumations des professeurs des Arts avec toutes les marques d'honneur accoutumées (1). Cette injonction fut d'ailleurs considérée par « Messieurs des Droits » comme contraire aux règlements et traditions de leur Faculté.

Les « Artiens » arrivaient assez aisément à la dignité rectorale. On sait qu'il leur suffisait, pour être éligibles, d'être gradués d'une Faculté supérieure, ou d'avoir régenté pendant sept ans dans un collège. Encore les principaux et les professeurs de philosophie échappaient-ils à cette dernière obligation. On peut toutefois s'étonner que sur une liste de 56 recteurs élus au cours du XVIIIe siècle, 44 aient appartenu à la Faculté des Arts, contre 6 à la Faculté de Théologie, 3 aux Droits et 3 à la Médecine (2). Sans doute les membres des Facultés supérieures, souvent pourvus de bénéfices à charge d'âmes, ou titulaires d'offices judiciaires, parfois en-

(1) Archives du Calvados. Université. Conclusions du général, 5 décembre 1699.

(2) V. Chatel : *Liste des recteurs de l'Université de Caen*.

fin avocats ou médecins, restaient plus étrangers à la vie universitaire. Peut-être étaient-ils moins sensibles aux honneurs attachés au rectorat qu'effrayés des obligations de tout genre qu'il comportait. La Faculté des Arts, au contraire, devait chercher à accroître son prestige en revendiquant, à Caen comme à Paris, le privilège de fournir à elle seule les chefs de l'Université (1).

Composition de la Faculté des Arts. — Professeurs royaux. — Principaux et Régents des Collèges. — La Faculté des Arts se composait des professeurs royaux, des principaux et des régents des collèges : le nombre des professeurs royaux, longtemps réduit à deux, fut porté à quatre vers la fin du siècle, lorsqu'aux chaires royales d'éloquence et de langue grecque s'ajoutèrent celles de mathématiques et de physique expérimentale. Il y eut trois principaux à partir de l'expulsion des Jésuites et de la réunion du Collège du Mont à l'Université; quant au personnel enseignant des collèges, il ne comptait, au début du XVIIIe siècle, que onze régents, savoir six

(1) Les statuts de 1457, à propos de la coutume qui avait prévalu dans certaines Universités, et notamment dans celle de Paris, de choisir les recteurs parmi les seuls membres de la Faculté des Arts, expliquent cette préférence donnée aux membres de la Faculté mineure par cette raison « qu'étant inférieure aux autres, les recteurs qui en sortaient devaient être plus accessibles à tous et plus serviables pour les petits comme pour les grands ». V. Bourmont: *La fondation de l'Université de Caen au XVe siècle*.

pour le Collège du Bois, cinq pour celui des Arts. Ce dernier chiffre fut porté à six par la création d'une chaire de seconde en 1710. Au total, l'effectif de la Faculté pouvait être de douze à quinze membres pour la plus grande partie du siècle. Il atteignit et dépassa la vingtaine après la réunion du Collège du Mont, et surtout après la réforme de 1786 qui augmenta le nombre des classes.

Au reste, le nombre des membres de la Faculté variait selon les circonstances: tel professeur royal pouvait être en même temps principal ou régent d'un collège; tel principal régentait dans une classe de philosophie ou de rhétorique. Le fait n'était pas rare, et on pourrait dire qu'il était de règle au Collège des Arts. D'autre part, les Artiens, pourvu qu'ils fussent licenciés ou docteurs d'une Faculté supérieure, pouvaient à leur gré siéger dans la Faculté des Arts ou dans celle où ils étaient gradués. Le Canu, docteur en médecine et professeur de philosophie, ne siégea jamais dans la Faculté des Arts; et Mac-Parlan, en devenant principal du Collège du Bois, continua d'appartenir à la Faculté de Théologie. Ceux qui profitaient de ce droit d'option devenaient par le fait même étrangers à la Faculté des Arts. Assurément une telle situation n'était guère favorable à l'harmonie qui doit régner entre des hommes collaborant à une œuvre commune, et, par suite, à la bonne direction des études.

Pour que des traditions aussi manifestement contraires à l'intérêt général eussent pu prévaloir et se maintenir dans le sein de Université il fallait qu'elles servissent dans quelque mesure les intérêts particuliers des membres de la Faculté des Arts. La liberté d'option diminuait en effet le nombre des ayants droit dans les « distributions » de la Faculté, et chacun y trouvant son compte, personne ne signalait l'abus. C'est à peine si dans le cours du XVIIIe siècle on pourrait relever une seule protestation contre l'admission d'un trop grand nombre de docteurs en théologie dans la Faculté des Arts. Encore visait-elle uniquement les dangers réels ou prétendus pouvant en résulter pour les Arts dans le cas où les intérêts des deux Facultés se trouveraient en opposition. L'affaire n'eut d'ailleurs aucune suite.

L'Assemblée générale. — La Faculté des Arts, au XVIIIe siècle du moins, ne tenait pas d'assemblées régulières et périodiques. Quand il lui arrivait de se réunir, c'était pour traiter quelque affaire d'intérêt commun ou procéder aux élections réglementaires. Ces dernières revenaient à dates fixes: le 26 août, et plus tard le 25 juillet pour l'élection du doyen et la désignation de membres composant la commission d'examen, à la fin de mars ou à la fin de septembre pour le choix de l' « augure » qui devait prendre part à l'élection du recteur. Souvent c'étaient là ses seules assemblées générales, et le Registre des conclusions et délibérations, pour bien des années, ne contient que les procès-verbaux des examens des maîtres ès arts. Sauf dans des cas très rares, où l'excitation des esprits rendait les assemblées à la fois plus fréquentes et plus agitées, les séances étaient peu suivies. Le plus souvent, en y comprenant le doyen, président de droit, le chiffre des votants n'atteignait pas une dizaine, et beaucoup de procès-verbaux ne portent que quatre ou cinq signatures.

Aux termes des statuts, toute querelle entre les membres de la Faculté aurait dû être déférée à l'Assemblée générale, mais celle-ci, trop souvent en proie à des divisions intestines, n'avait ni l'unité de vues, ni l'autorité nécessaires pour prévenir les conflits, rallier les bonnes volontés et les faire servir au profit de l'œuvre commune.

Le Doyen. — Le doyen représentait la Faculté dans les actes et solennités universitaires, et siégeait dans le Conseil ou Tribunal du recteur. Il convoquait l'Assemblée générale, dirigeait ses délibérations, veillait à l'exécution de ses conclusions ou résolutions. C'était encore lui qui présidait les commissions d'examen, signait les certificats ou lettres testimoniales des maîtres ès arts.

Les fonctions du doyen étaient annuelles. Longtemps fixée au 26 août, lendemain de la Saint-Louis, l'élection dut être avancée lorsque l'usage s'établit, au cours du XVIIIe siècle, de faire commencer les vacances dans la première quinzaine d'août, ou même dans les derniers jours de juillet. A partir de 1736, elle resta définitivement fixée au 25 juillet. D'ordinaire, une partie des membres de la Faculté s'abstenait d'y paraître, et l'on pourrait citer telle élection qui fut l'œuvre de quatre ou cinq professeurs. Tout dépendait des circonstances, des questions soulevées, des sympathies que rencontrait la personne des candidats en présence. Certaines élections excitèrent vivement les passions : beaucoup d'autres eurent lieu au milieu de l'indifférence générale. Dans les derniers temps, le choix du doyen prit parfois un caractère d'opposition contre le recteur et les autres Facultés.

Vu la fréquence des élections et le peu d'importance des fonctions du doyen, dont les attributions étaient presque entièrement honorifiques, il semble que tous les membres de la Faculté, à la condition de n'avoir point démérité, dussent être appelés à leur tour à cette dignité. Cependant, on chercherait vainement dans la longue liste des doyens les noms de certains professeurs signalés aux suffrages de leurs collègues par leur mérite comme par l'importance de leurs fonctions. Sans parler des principaux des collèges, dont les régents pouvaient craindre d'accroître encore l'autorité, on s'étonne de voir préférer à tel professeur de philosophie ou de rhétorique un régent d'une classe inférieure sans aucune notoriété : Terrée, professeur de philosophie au Collège des Arts, fut deux fois recteur, en 1753 et en 1758, et ne fut jamais doyen de sa propre Faculté. Celle-ci, dans le même temps, élevait au décanat un de ses plus jeunes membres, Saint-Martin, régent de troisième au Collège du Bois. Saint-Martin vit même ses pouvoirs prolongés pour une seconde année, ce qui constituait à cette époque une marque de sympathie des plus rares et même d'un caractère exceptionnel.

On n'est pas moins embarrassé pour expliquer la faveur dont furent honorés des régents obscurs, tels que Hastey, Guéroult, Enée, qui ne durent qu'à des circonstances fâcheuses une peu enviable notoriété, et l'on est réduit à voir dans de telles élections le résultat de démarches plus ou moins avouables. Hastey, régent de troisième au Collège du Bois, chargé en 1721 d'écrire l'« Invitation aux Poètes » pour le concours du Palinod, présenta à ses collègues une pièce de vers dont la lecture souleva dans l'Université une légitime émotion. A côté d'imputations injurieuses et diffamatoires à l'adresse des lauréats et des juges du précédent concours, elle renfermait nombre de vers, et même des passages entiers pillés dans Horace, Santeuil et du Cerceau. Le plagiat n'était pas niable, et l'Université, pour manifester sa réprobation, arrêta que la pièce ne serait pas imprimée, que l'auteur en serait privé de la rétribution habituelle, qu'il ne serait plus jamais chargé de l'« Invitation aux Poètes ». Deux ans après, le professeur ainsi flétri devenait doyen de la Faculté des Arts. Faut-il voir dans cette élection l'effet des intrigues du trop fameux principal Maheult de Sainte-Croix, ou faut-il croire que les passions religieuses alors si fortement excitées faisaient oublier à la Faculté le soin de sa propre dignité ? Quoi qu'il en soit, un tel vote reste plus inexplicable encore que l'élévation au décanat de deux professeurs du Collège du Bois, Henry Guéroult et Antoine Enée, fort inconnus l'un et l'autre jusqu'au moment où ils furent mêlés aux débats d'un long et scandaleux procès.

La réélection d'un doyen en exercice eut toujours un caractère d'exception. La première dont nous ayons trouvé trace au cours du XVIIIe siècle, bien loin d'avoir été concertée, semble s'expliquer uniquement par l'indifférence des membres de la Faculté. Faute d'avoir procédé en temps utile au choix du doyen, ils durent laisser en fonctions pour une nouvelle année scolaire le doyen arrivé au terme de son mandat, Hébert, professeur de troisième au Collège du Bois. Seulement, pour pallier l'incorrection d'un tel procédé, on décida d'inscrire après coup sur le Registre des conclusions, que M. Hébert avait été prorogé comme doyen par une délibération régulière. Le nombre des doyens ainsi maintenus en fonctions ne dépasse pas une demi-douzaine. Quant aux réélections d'anciens doyens après un intervalle plus ou moins prolongé, elles furent plus rares encore : à peine en pourrait-on citer deux pour toute la durée du XVIIIe siècle. D'où l'on peut conclure qu'en somme la Faculté des Arts, comme en général les corps électoraux indépendants, écartait quiconque lui portait ombrage, et qu'en conférant à l'un des siens l'honneur de marcher à sa tête, elle entendait rendre hommage aux qualités de l'homme privé plutôt qu'à l'éclat de ses talents et à la supériorité de ses lumières.

On ne saurait dès lors s'étonner que l'influence exercée par le doyen sur la vie même de la Faculté ait toujours été des plus restreintes. Rien en effet ne le protégeait contre les attaques que pouvait susciter contre lui l'envie ou la haine d'un collègue. Le doyen Périer, à sa sortie de charge, fut accusé d'avoir réalisé des économies sur la fourniture du parchemin destiné aux lettres des maîtres ès arts : il fut donc arrêté en assemblée générale, « que ledit Périer en compterait incessamment à la Faculté et rapporterait les deniers revenants bons, faute de quoy, Monsieur le Doyen, de présent en charge, était autorisé par la présente conclusion d'arrêter tous et tels deniers qui lui pourraient revenir de la part des maîtres ès arts reçus ou à recevoir, jusqu'à ce qu'il eût pleinement satisfait » (1). C'était pour une somme de 14 livres 14 sous qu'une résolution aussi désobligeante était prise contre l'ancien doyen de la Faculté.

Le doyen en fonctions ne pouvait pas même compter sur l'appui de ses collègues en cas de conflit avec les autres autorités universitaires. En 1731, le doyen Tribouillard dénonçait à la Faculté une offense qui l'atteignait elle-même dans la personne de son chef, et dont l'auteur était un de ses propres membres, de Than, professeur de philosophie au Collège du Bois, et alors recteur. De Than avait, disait-on, convoqué une assemblée de l'Université sans avoir pris l'avis du doyen

---

(1) Archives du Calvados. Université. Conclusion de la Faculté des Arts, 1701.

des Arts, ainsi que l'y obligeaient les règlements ; il prétendait, il est vrai, avoir fait connaître au doyen Tribouillard son intention de soumettre à l'Université la question de la bibliothèque. La Faculté était satisfaite des mesures proposées par le recteur. Elle exprima l'avis qu'aucune atteinte n'avait été portée au respect dû à M. le Doyen, et l'affaire n'eut pas d'autre suite.

Le doyen Moysant ne fut pas plus heureux lorsqu'en 1769 il se vit reprocher par le principal et les professeurs du Collège du Mont les opinions exprimées par lui relativement à l'organisation future de cet établissement. S'il réussit à faire approuver ses explications par la majorité de ses collègues, il ne put empêcher ses accusateurs de se répandre en propos désobligeants dans les collèges et dans la ville même.

Parfois, à la faveur de circonstances exceptionnelles, le rôle du doyen devenait d'une réelle importance : si, au moment où des questions délicates venaient émouvoir et passionner les esprits, il se rencontrait parmi les membres de la Faculté un homme d'un caractère plus ferme ou d'une humeur plus combattive, il pouvait entraîner ses collègues et prendre la direction de la lutte. Tel fut le rôle de l'abbé de La Rue dans les dernières années de l'Université. Mais, au cours ordinaire des choses, toute autorité effective était refusée au doyen, et comme l'Assemblée générale, divisée ou indifférente, était elle-même vouée à l'impuissance, la Faculté des Arts restait d'ordinaire privée de toute direction.

Comme à l'Université elle-même, il lui manquait une tête. De là cette absence de vues d'ensemble, cette méconnaissance de l'intérêt général presque toujours sacrifié aux convenances individuelles des professeurs, enfin cette indiscipline et ces discordes incessantes qui sont les suites naturelles de l'anarchie.

Les Chaires royales.

Les chaires royales étaient celles dont l'honoraire était payé par l'État du roi. La Faculté des Arts n'en possédait que deux, celles d'éloquence et de langue grecque, depuis que la chaire de mathématiques avait été transférée, en 1704, au collège des Jésuites. Les titulaires en étaient nommés par le roi sur une liste de trois candidats présentés par l'Université.

Les concours étaient annoncés plusieurs mois d'avance tant à Caen que dans les autres Universités du royaume. La seule condition pour y prendre part était d'être pourvu de la maîtrise ès arts, mais les épreuves étaient sérieuses. Les professeurs des diverses Facultés ainsi que les personnes de distinction y étaient conviés: quand elles avaient pris fin, il était procédé au vote dans les Facultés, car, selon les traditions de l'Université, c'était par Faculté, non par tête, que les délibérations avaient lieu. Le candidat ayant réuni la majorité des suffrages était ensuite présenté au choix de Sa Majesté.

Cette procédure, comme on le voit, conciliait

dans une équitable mesure les légitimes prérogatives de la couronne avec les droits de l'Université. Mais on ne s'étonnera pas, étant connues les habitudes de l'Ancien Régime, qu'une règle aussi sage ait souffert plus d'une exception. Le bon plaisir du roi ou plutôt du ministre faisait à l'occasion bon marché des droits les moins contestables. Plus d'une fois, au moment de mettre au concours une chaire vacante, l'Université apprit qu'il y avait été pourvu par lettre de cachet (1).

Souvent aussi une chaire régulièrement occupée était donnée en survivance au protégé d'un personnage influent. On vit même, après un concours régulier, substituer au nom du candidat proposé par l'Université, celui d'un de ses concurrents classé par elle en seconde ligne. De tels abus heureusement étaient rares.

Les professeurs royaux conservaient leur chaire sans limite d'âge, et la mort seule ou une démission volontaire permettait de leur donner un successeur. Pierre Cally, lorsqu'il mourut presque

---

(1) C'est ce qui arriva notamment en 1782, à la mort de Gadbled, professeur royal de mathématiques. La Faculté avait arrêté que M. le Chancelier serait informé de la vacance de la chaire et, en attendant qu'il pût être procédé au concours, avait chargé son doyen d'en faire la suppléance, lorsqu'un professeur de philosophie au Collège du Mont, Emmanuel Vittrel, fit connaître que par lettres à lui adressées, M. le Garde des Sceaux, au nom de Sa Majesté, l'avait nommé à la chaire de mathématiques vacante par la mort du sieur Gadbled.

Archives du Calvados. Université. Conclusions du général, 21 novembre 1782.

octogénaire, en 1709, occupait la chaire d'éloquence depuis plus de trente-cinq ans (1). Hallot, qui vint ensuite, la conserva jusqu'à un âge très avancé, sans songer à s'en démettre, alors même qu'il eut été pourvu d'une pension d'émérite.

En cas d'empêchement, les professeurs royaux désignaient un professeur chargé de les suppléer ; ce choix, en théorie du moins, devait recevoir l'agrément de l'Université. En fait, il ne paraît avoir été soumis à aucune condition : souvent des chaires restèrent vacantes pendant de longues périodes. L'année scolaire pour les professeurs royaux était d'ailleurs assez courte, car elle ne commençait guère qu'au 1er avril et se terminait aux vacances. Les cours duraient une heure et n'avaient pas lieu tous les jours. Aussi, rien n'empêchait les professeurs royaux d'exercer en même temps d'autres fonctions, comme celles de principal, de régent de collège, ou de curé de paroisse. Cally était à la fois professeur royal d'éloquence, principal et professeur de philosophie au Collège des Arts. Hallot, quand il fut appelé à lui succéder, conserva sa chaire de rhétorique au Collège du Bois. Plus tard, il devint encore chanoine du Saint-Sépulcre. Sans doute la

(1) Antoine Halley, prédécesseur de Cally, paraît avoir dépassé tous ses collègues par la durée comme par l'éclat de son enseignement. C'est du moins ce qu'on peut conclure de son épitaphe gravée sur une plaque de marbre qui est conservée au Musée de la Société d'Archéologie : « Elegantium litterarum publicus fuit professor cum maxima semper auditorum frequentia annis LX. Vixit LXXXIII. Obiit 1676. »

préparation de ces cours réclamait peu de travail. Professés en latin et ne préparant à aucun examen, ils devaient attirer peu d'auditeurs, et à aucune époque ils ne semblent avoir eu au dehors un retentissement durable.

Chaire royale d'Éloquence. — Pierre Cally et Jean Hallot, professeurs (1674-1741). — Le latin restant, selon la tradition du moyen âge, la langue scientifique par excellence, c'était de langue et de littérature latines que traitait le professeur d'éloquence. Il ne semble pas d'ailleurs, si l'on s'en rapporte aux procès-verbaux des concours, que les candidats prétendant à cette chaire dussent justifier de leur connaissance de la littérature française, ni qu'il leur fût tenu compte des ouvrages qu'ils avaient pu composer dans leur langue maternelle.

Comme on l'a déjà vu, les titulaires de la chaire royale d'éloquence pouvaient la conserver jusqu'à leur mort. Aussi furent-ils peu nombreux au cours du XVIIIᵉ siècle, et c'est à peine si on en compte cinq jusqu'au début de la Révolution : encore le premier d'entre eux était-il en fonctions depuis plus de vingt-cinq ans au moment où s'ouvre le siècle. Hallot, le second, ne mourut qu'en 1741, et Godard, qui le remplaça, était encore en charge lorsque Coquille-Deslonchamps reçut des lettres de survivance en 1780. Au reste, si tous furent de bons humanistes et des esprits cultivés, aucun d'eux, si l'on en excepte Cally, n'a joui en dehors de la province d'une réelle notoriété.

2

Pierre Cally lui-même fut surtout un philosophe et un théologien. Né vers 1632, au Mesnil-Hubert, près d'Argentan, il fit sa philosophie au Collège du Bois, et, après avoir suivi à Paris un cours de philosophie, y fut rappelé en 1660 par Halley, alors principal, qui lui donna une classe d'humanités. Nommé en 1674 à la chaire royale d'éloquence, il devint peu après principal du Collège des Arts, dont il fit reconstruire en partie les vieux bâtiments ; il y professa aussi la philosophie jusqu'au moment où il fut appelé à la cure de Saint-Martin de Caen. Grand admirateur de Descartes, il fut, dit-on, le premier à enseigner dans les collèges la philosophie nouvelle. Malheureusement, en dépit du respect qu'il conservait pour les traditions scolastiques et de ses efforts consciencieux pour trouver des accommodements entre Aristote et Descartes, son audace scandalisait bien des gens. Son « Institutio Universæ Philosophiæ », dédiée à Bossuet, à côté de chapitres hardis, qui auraient pu être signés de Descartes ou d'Arnauld, offrait des passages que n'auraient pas désavoués les défenseurs les plus exigeants de l'ancienne philosophie. C'est ainsi qu'il plaçait la véracité divine avant l'évidence comme fondement de la certitude ; mais ces tentatives de conciliation ne satisfaisaient personne. Les cartésiens criaient au péripatétisme et les scolastiques à l'hérésie. Les Jésuites de Caen l'attaquèrent avec violence par la plume d'un des leurs, le P. Le Valois : à leur instigation, Huet, évêque d'Avranches, depuis longtemps son ami, rompit avec lui toutes relations. Pour comble de disgrâce, Bayle prit sa défense contre le P. Le Valois et acheva ainsi de le compromettre vis-à-vis du monde religieux. Cally commit d'ailleurs l'imprudence d'instituer des conférences dans son presbytère de Saint-Martin en vue d'obtenir par la seule persuasion la conversion des hérétiques. Celles-ci étaient très suivies, et sa parole conciliante obtenait, dit-on, des succès, mais le parti qui venait d'imposer la révocation de l'Édit de Nantes n'attendait que de la force la destruction de l'hérésie. Le curé de Saint-Martin fut exilé à Moulins en 1686. Rendu à ses paroissiens au bout de deux ans, il reprit courageusement son apostolat, et, pour écarter les objections des calvinistes contre le mystère de la transsubstantiation, traduisit en français la réponse qu'il avait jadis adressée au P. Le Valois. Son intention était de la soumettre, avant de la rendre publique, à l'examen de l'autorité ecclésiastique ; par suite de l'indiscrétion de l'éditeur, l'ouvrage parut sous le titre de « Durand commenté », comme imprimé à l'étranger. Il fut aussitôt dénoncé comme hérétique. Bossuet consulté par l'évêque de Bayeux, tout en relevant dans le livre quelques propositions contraires à la pure doctrine, s'abstenait d'en condamner les principes, et conseillait de traiter avec bénignité M. Cally, « qui est d'ailleurs si habile et homme de bien ». Mgr de Nesmond, élève et ami des Jésuites, fut plus sévère. Il réprouva comme hérétiques dix-sept propositions extraites de l'ouvrage.

Sans essayer de se défendre, le vénérable curé désavoua aussitôt les doctrines condamnées et, par la sincérité de sa soumission, désarma même les préventions de ses adversaires. Il mourut presque octogénaire, en 1709.

La vacance de la chaire d'éloquence fut l'occasion d'un conflit entre la ville et l'Université. Le maire et les échevins, en vertu d'un prétendu droit de domination, désignaient comme successeur de Cally un professeur de philosophie du Collège des Arts, nommé Aubert. De son côté, l'Université soutenait les droits de Sa Majesté sur une chaire dont elle payait les gages. Ce fut cette dernière qui l'emporta. Le Parlement annula par un arrêt la nomination du sieur Aubert et ordonna que la chaire serait mise à la dispute pour être dressé procès-verbal des trois contendants qui auraient le mieux disputé, et être par Sa Majesté choisi celui qu'elle estimerait être le plus convenable. Hallot, professeur de rhétorique au Collège des Arts, avait été chargé de l'intérim depuis la mort de Cally. A la suite du concours, il fut nommé titulaire (1710).

Jean-Gaspard Hallot, originaire de Caen, était depuis longtemps déjà professeur au Collège du Bois : à deux reprises, en 1700 et en 1706, il avait été recteur. C'était, au dire de Guiot, l'auteur du « Moréri des Normands », un excellent humaniste et qui mérita le surnom de Cicéron normand. Un pareil témoignage permet de comprendre que dans un service en l'honneur de Louis XIV, il ait prononcé une oraison funèbre en latin qui ne dura pas moins de cinq quarts d'heure, si bien que même à cette époque et sur un tel sujet tant d'éloquence parut dépasser la mesure. Selon le *Journal d'un bourgeois de Caen* à qui nous empruntons ce trait, « on disait non sans raison que ce discours était riche en toutes manières ». Outre ses discours académiques, Hallot écrit une tragédie de Sédécias qui fut jouée par les écoliers du Collège du Bois. Lorsqu'il mourut en 1741, il occupait depuis plus de trente ans la chaire royale d'éloquence et appartenait depuis plus de cinquante à l'Université.

Un concours pour la Chaire royale d'Éloquence en 1743. — Godard, Coquille-Deslonchamps et J.-B. Vittrel, professeurs (1743-1791). — Une succession si longtemps attendue devait tenter de nombreuses ambitions. Lorsque s'ouvrit le concours ou, comme on disait, la dispute, il ne se présenta pas moins de quatre candidats : le professeur de rhétorique du Collège des Arts, les professeurs de rhétorique, seconde et troisième du Collège du Bois.

Ces deux derniers furent les seuls qui maintinrent jusqu'au bout leur candidature et prirent part à toutes les épreuves. Quant à celles-ci, elles nous sont connues dans le détail par les procès-verbaux consignés dans le Registre des conclusions. Peut-être ne sera-t-il pas sans intérêt d'en présenter ici une analyse succincte et de retracer ainsi la physionomie authentique d'un concours de l'ancienne Université.

Les épreuves s'ouvrirent le 15 janvier 1743 par un discours d'éloquence prononcé par l'un des « contendants », le sieur Jacques-François Godard, prêtre, professeur de troisième au Collège du Bois, en présence de l'Université et de plusieurs personnes de considération. Elles se poursuivirent dix jours après, par l'audition d'un discours analogue dont l'auteur était Étienne-Jean Danet, professeur de seconde au même Collège du Bois.

Ensuite on indiqua aux sieurs Godard et Danet la matière de leçons magistrales qui furent, pour le premier, les chapitres 10 et 12 du Ve livre « De Argumentis et Eorum usu » de l'Institution oratoire de Quintilien, et pour le second, le chapitre 5 du VIIIe livre « De Generibus sententiarum ». Ces leçons magistrales ayant été faites aux jours marqués, c'est-à-dire le 31 janvier et le 1er février, de 10 heures à midi, la date des épreuves fortuites, c'est-à-dire tirées au sort sur des matières d'éloquence, fut fixée au 9 février.

Dans cette dernière séance, Godard eut à commenter le chapitre 10 du livre X « De Ambiguo, seu de Amphibologia », et Danet le chapitre 11 du livre V « De Exemplis » de l'Institution oratoire.

Ces épreuves terminées, la dispute fut déclarée close et, huit jours après, l'Université ayant délibéré par Facultés, nomma, sous le bon plaisir de Sa Majesté, le sieur Godard, par préférence au sieur Danet, pour remplir ladite chaire d'éloquence (16 février 1743). Les provisions de la chaire furent accordées à Godard par lettres du roi en date du 21 mai suivant.

Cependant, le jugement de l'Université n'était pas unanime: cinq professeurs de la Faculté des Arts ne craignirent pas de protester officiellement contre la préférence donnée à Godard, mais, sur la plainte de ce dernier, l'Université condamna comme diffamatoire l'avis que les opposants avaient fait inscrire à la suite du procès-verbal, et en ordonna la radiation.

Godard joignit au titre de professeur royal d'éloquence ceux d'official de l'abbaye royale de la Trinité de Caen et de l'abbaye de Fécamp, enfin, de chanoine et doyen du Saint-Sépulcre. Après l'expulsion des Jésuites, il fut encore principal du Collège du Mont. Au reste, comme la plupart de ses prédécesseurs, il cultiva la poésie latine et française et, selon le « Moréri des Normands », donna au public des pièces en l'une et l'autre langue, dont plusieurs furent couronnées dans les Palinods de Caen et de Rouen. Nous avons encore le discours d'apparat qu'il prononça à l'occasion de l'attentat de Damiens, « In teterrimum Ludovici XV parricidium », lequel, au témoignage du même auteur, est le plus remarquable de Godard. Cette composition ne se distingue d'ailleurs en rien des ouvrages de rhétorique que chaque grand événement faisait éclore.

Godard était encore titulaire de la chaire royale d'éloquence lorsqu'en 1780 Coquille-Deslonchamps, professeur de quatrième au Collège du Bois, obtint de Sa Majesté des lettres de survivance et adjonction à ladite chaire royale (1). Coquille-Deslonchamps était alors recteur de l'Université, et peut-être dut-il à cette circonstance une faveur qui, en même temps qu'elle écartait tout risque de concurrence, le dispensait de faire publiquement la preuve de sa capacité. Cette suppression du concours, bien qu'elle ne fût point sans précédents, ne laissa pas que de soulever des protestations. Le procès-verbal de l'installation du nouveau professeur royal mentionne « le consentement unanime de tous les délibérants, excepté M. de Biéville, doyen du droit civil, représentant à lui seul sa Faculté ».

Devenu titulaire de la chaire par la mort de Godard, Coquille-Deslonchamps obtint encore en 1784 des lettres de compatibilité de ses fonc-

---

(1) « Le sieur Godard nous a très humblement fait représenter que son âge et sa santé ne lui permettant plus de remplir comme par le passé les fonctions de la chaire d'éloquence, il nous suppliait de lui donner un survivancier et adjoint pour le suppléer dans ses fonctions. Par les bons renseignements qui nous ont été donnés du sieur Coquille-Deslonchamps, recteur de l'Université de Caen..... A ces causes, de l'avis de notre conseil et de notre grâce spéciale, pleine puissance et autorité royale, nous lui avons donné et octroyé par ces présentes signées de notre main la survivance et adjonction de la chaire de professeur d'éloquence pour l'exercer concurremment avec le sieur Godard qui en est pourvu, et jouir et user des honneurs, etc... A la charge par le sieur Coquille-Deslonchamps de n'en toucher les gages, droits, profits, revenus et émoluments que lors de la démission entière du sieur Godard. »
Conclusions du général, 4 septembre 1780.

tions universitaires avec celles de curé de Villy. L'enregistrement des lettres royales fut d'ailleurs accordé par l'Université « avec d'autant plus d'empressement, dit le procès-verbal de la séance, que cette nouvelle preuve de la bonté de M. le Garde des Sceaux lui conservait un sujet qui lui avait rendu et lui rendait les plus grands services ».

C'était moins sans doute l'éclat de ses leçons aux Grandes Écoles qui valait à Coquille-Deslonchamps la reconnaissance de ses collègues, que les succès de sa mission à la Cour, en qualité de représentant de l'Université dans l'affaire de la succession des Jésuites. C'est, en effet, à ses habiles négociations que sont dues les lettres patentes de 1783 qui attribuèrent définitivement à l'Université les biens dépendant du Collège du Mont; ces concessions déjà si importantes allaient être bientôt étendues et complétées par l'édit-règlement de 1786 qui, en outre de ses dispositions financières si avantageuses pour l'Université, introduisait dans la constitution de celle-ci les réformes les plus heureuses.

L'habile négociateur ne s'était pas oublié dans la répartition des bienfaits du roi. La charge de syndic général qui lui était attribuée faisait de lui le membre le mieux renté et en même temps le plus puissant de l'Université.

L'édit-règlement avait transformé la chaire royale d'éloquence en chaire de littérature française, et prononcé d'autre part l'incompatibilité des fonctions de syndic général avec toutes autres. Le même édit, tout en disposant qu'à l'avenir les titulaires de la chaire nouvelle seraient désignés au concours, y nomma le sieur Jean-Baptiste Vittrel, docteur en théologie. J.-B. Vittrel, originaire de Cherbourg, comme son frère aîné Emmanuel, était depuis quelques années professeur de seconde au Collège du Bois. Encore en fonctions au début de la Révolution, il se sépara de ses collègues pour prêter serment à la Constitution civile du clergé. Nous aurons l'occasion de parler plus longuement de J.-B. Vittrel quand nous étudierons l'histoire de l'enseignement public à l'époque révolutionnaire.

Chaire royale de Langue grecque. — Le Verrier et Le Chartier, professeurs (1699-1726). — La nomination des professeurs royaux aurait dû, pour obéir aux règlements, être précédée d'un concours public. Cependant, c'est à peine si la moitié de ceux qui occupèrent la chaire de grec au XVIIIe siècle, y avaient été appelés par le libre choix de leurs collègues.

Les procès-verbaux des concours de 1699, 1707 et 1783 nous ont été conservés. Une brève analyse du premier permettra au lecteur de se faire une idée de la réelle difficulté que présentaient les épreuves imposées aux candidats.

La chaire de grec, devenue vacante par la mort de Jacques Lair, fut mise en dispute au mois de février 1699, en vertu des lettres patentes signées Phelippeaux, et après qu'un avis ou « notum » eut été publié à Caen et dans les autres Universités. Quatre candidats se présentèrent : Marin Le Verrier,

professeur de rhétorique au Collège des Arts, Jean
Le Chartier, régent dans les humanités au Collège
du Bois, Jacques Aubril et Guillaume de Launé :
ces deux derniers n'ayant pas de grades universitaires furent invités à se faire recevoir maîtres
ès arts avant que d'être admis à la dispute. Seul,
Aubril s'étant mis en règle, prit part aux épreuves
du concours.

Le Verrier, quinze ans auparavant, étant déjà
recteur, avait disputé la chaire contre Jacques Lair
et, bien qu'il n'eût pas obtenu le premier rang, avait
été déclaré par le jugement de l'Université « instruit et savant dans la langue grecque ». Aussi
semble-t-il avoir été traité par une partie au moins
de ses juges avec une particulière bienveillance.
Dès le début du concours, il avait demandé que les
candidats fussent admis à composer « en tout genre
de vers grecs » aussi bien qu'en prose. Vu l'opposition de ses concurrents, l'Université arrêta que le
concours aurait lieu dans les formes anciennes.
Mais, à peine les épreuves écrites terminées, l'un
des candidats, Le Chartier, vint déclarer publiquement que sa copie avait été mise entre les mains
de Le Verrier; celui-ci avait pu faire le relevé des
fautes réelles ou prétendues qu'il y avait trouvées,
et ce travail imprimé avait été distribué à diverses
personnes. Il demandait d'avoir à son tour commu-
nication de la copie de Le Verrier. Satisfaction lui
fut donnée, mais le jugement du concours, dans de
telles conditions, pouvait difficilement échapper au
soupçon de partialité.

La première épreuve avait consisté pour Le Verrier à improviser une harangue grecque et à la traduire en latin, pour Le Chartier et Aubril à improviser une harangue latine ornée de plusieurs passages grecs. Puis les trois candidats avaient composé des discours sur des sujets tirés au sort, traduit en français des passages du Nouveau Testament et en latin des passages d'Isocrate, enfin expliqué à livre ouvert et commenté des extraits du Nouveau Testament, de Démosthène ou de Théocrite. La dernière épreuve consistait en interrogations réciproques sur les matières choisies par eux, et principalement sur les dialectes.

La dispute déclarée close, les dernières compositions, revêtues du paraphe du recteur, furent communiquées successivement aux cinq doyens pour être examinées par les membres des diverses Facultés. Au bout d'un mois et après une discussion qui se prolongea pendant deux séances, l'Université déclara que les trois concurrents étaient capables (*peritos*), mais que le plus capable était maître Marin Le Verrier. Les opérations du concours avaient duré six semaines, du 17 février au 30 mars. Quelques jours plus tard, Le Verrier était nommé par lettres patentes professeur royal de langue grecque, et, après avoir justifié de ses bonnes vie et mœurs ainsi que de sa foi catholique, était admis à prêter serment entre les mains du recteur et installé « avec les cérémonies accoutumées » (1).

(1) Archives du Calvados, Université, Conclusions du général. D. 68.

A sa mort, en 1707, on lui donna pour successeur Jean Le Chartier, l'un de ses anciens concurrents. Le Chartier, bien qu'il eût seul posé sa candidature, n'en avait pas moins subi les épreuves réglementaires. Déclaré « apte à remplir ladite chaire et à en faire les fonctions sous le bon plaisir de Sa Majesté », il y fut nommé par lettres patentes et l'occupa pendant une vingtaine d'années.

En 1726, Le Chartier était toujours professeur royal de langue grecque, mais, pour une cause qui nous est inconnue, ses leçons étaient suspendues, et le recteur Louet était chargé par délibération de la Faculté de faire la suppléance de la chaire. Quelque temps après, Le Chartier ayant donné sa démission, le bruit se répandit que la chaire de grec allait être supprimée et remplacée par des chaires de botanique et de chimie depuis longtemps réclamées par la Faculté de Médecine. Le recteur Louet signala dans un rapport à l'Université les inconvénients d'un pareil changement, lesquels causeraient un préjudice considérable à l'étude des belles-lettres qui ont toujours fleuri dans cette Université. La langue grecque étant considérée comme le fondement des sciences les plus nobles aussi bien que des lettres humaines, l'Université, disait le recteur, avait un intérêt particulier à maintenir dans son sein, sous le bon plaisir de Sa Majesté, l'institution d'une science si nécessaire pour former des hommes véritablement habiles en toute sorte de sciences. Prenant à témoin l'exemple de l'illustre M. Huet, ancien évêque d'Avranches, il rappelait que ce fut par son application à la langue grecque, sous la conduite des maîtres de l'Université, que ce grand homme parvint à ce haut degré d'érudition et de mérite qui fit tomber sur lui le choix du roi Louis le Grand, de glorieuse mémoire, pour en faire le seul précepteur de Monseigneur le Dauphin, son fils unique (1).

Professeurs de grec nommés sans concours: De Poignavant, Malouin, Louvel (1726-1783). — Au moment même où l'Université, sur la proposition du recteur, se prononçait pour le maintien de la chaire qu'elle croyait menacée, celle-ci avait déjà un nouveau titulaire. Des lettres patentes signées de M. de Morville, en même temps qu'elles désavouaient de la part de Sa Majesté toute intention de supprimer la chaire de grec ou d'en diminuer les gages, y appelaient le sieur de Poignavant, docteur en théologie et curé de Notre-Dame de la ville de Caen, dont Sa Majesté avait fait choix dans le nombre de ceux qui lui avaient été proposés pour cette place. Les témoignages qui lui avaient été rendus de sa capacité dans la langue grecque et de sa bonne doctrine lui persuadaient qu'il serait agréable à l'Université et qu'elle en approuverait le choix.

On peut douter que l'Université se soit montrée satisfaite d'une nomination faite en violation de son

(1) Archives du Calvados. Conclusions du général, 1er avril 1726.

droit d'examen. Quant au nouveau professeur, il semble avoir apporté peu de zèle dans l'accomplissement de ses fonctions. Une année ne s'était pas écoulée que le recteur Louet, alors, il est vrai, en lutte contre la majorité des Facultés, l'invitait officiellement à enseigner le grec « comme l'avaient fait ses prédécesseurs, en faisant traduire exactement tant le Nouveau Testament qu'autres auteurs grecs classiques, tant orateurs que poètes, à expliquer les règles de la grammaire à ses auditeurs et à prendre pour cela une heure où tous les écoliers de Caen pussent profiter des bienfaits de Sa Majesté, — comme l'avaient fait les sieurs Pyron, Lair, Le Verrier et Le Chartier » (21 mars 1727) (1).

Ce rappel au devoir professionnel, quelque peu humiliant, fut-il entendu? On peut en douter lorsqu'on lit, à la date de 1734, les considérants dont fut précédée la nomination d'un nouveau titulaire. « Le sieur de Poignavant, disent les lettres patentes, a accompli jusqu'ici ses fonctions à notre satisfaction et au grand avantage des études, mais il ne les peut continuer avec autant d'exactitude qu'il est nécessaire et qu'il le souhaiterait, tant à cause de la faiblesse de sa santé que parce qu'il est chargé d'une cure composée d'un grand nombre (sic). » Le roi ajoutait qu'il n'avait pas cru pouvoir faire un meilleur choix que celui de M⁰ Jacques Malouin, prestre, chanoine du Saint-Sépulcre, docteur de théologie (30 janvier 1734).

---

(1) Conclusions du général. D. 74.

Le sieur Malouin avait trop présumé de ses forces ou de son zèle pour l'enseignement du grec : nous voyons bientôt après, en effet, un professeur de seconde du Collège du Bois, Danet, invoquer la protection de l'intendant pour se faire attribuer la chaire royale de langue grecque, sous prétexte qu'elle était vacante par l'absence de Malouin. L'Université, il est vrai, se prononça avec force contre une candidature présentée dans de telles conditions : les leçons étant faites en la place de Malouin par le sieur Lejugeur, doyen de la Faculté des Arts, qui s'en acquittait très bien, il n'y avait pas lieu de désigner de successeur à Malouin, et en cas d'absence, maladie ou tout autre légitime empêchement, il était de droit et d'usage fondés sur les statuts que tout professeur pût faire faire ses leçons ou exercices par un autre professeur, sauf à l'Université d'examiner si tout se fait dans la règle. Elle finissait en regrettant qu'on eût fait intervenir l'autorité de l'intendant dans cette affaire.

Louvel était professeur de seconde au Collège des Arts et doyen de la Faculté, lorsqu'il reçut en 1767 des provisions en survivance de la chaire royale de grec. Quelques années plus tard, recteur et professeur de rhétorique au Collège des Arts, il prononçait un discours solennel dans une cérémonie célébrée à l'occasion du sacre de Louis XVI, en 1775. Ce morceau d'éloquence académique n'offre que peu d'intérêt. Il en est autrement d'une affiche conservée à la Bibliothèque municipale et qui contient d'assez curieux détails sur le cours de langue grecque tel que le comprenait Louvel. Comme on en peut juger, cet enseignement ne dépassait guère le niveau assez modeste des classes de seconde ou même de troisième de nos lycées (1).

(1) Voici le texte de cette pièce qui se rapporte à l'année 1789 :

Σὺν Θεῷ

« Jacobus Louvel, presbyter, in utroque jure licenciatus, Insignis Ecclesiæ Bajocensis canonicus, Rhetorices in Artiano professor, antiquus Venerandæ Facultatis Artium decanus, Regiæ Litteratorum Academiæ socius et antiquus Director, Universi Studii Cadomensis antiquus Rector, nec non Litterarum Græcarum Professor Regius, Græcas suas lectiones habebit a die Martis proxima, 15ª Februarii hujusce anni 1789 usque ad solemnes inducias ejusdem anni, hora secunda pomeridiana et benevolis auditoribus explicabit.

Τὸ κατὰ Μάρκον Εὐαγγέλιον
Evangelium secundum Marcum
Ἰλιάδος Βιβλίον β
Iliadis Librum II
Ἰσοκράτους Εὐαγόραν
Isocratis Evagoram

Quibus addet reconditiora Grammaticæ præcepta, thematis investigationem, philologicas in sacram et prophanam historiam elucubrationes, nec spernendas in difficiliora Sacri præsertim Scriptoris ex optimorum authorum scriniis deprumptas disquisitiones, veræ pronuntiationis methodum, genuinam que gallici nostri idiomatis cum græco συμφωνίαν demonstrabit.

Adeste antiquitatis eruditæ studiosi φιλέλληνες, et favete in majoribus venerandæ Facultatis Artium Scholis. »

Caen, apud Jean-Claude Pyron, solum Universitatis typographum. Bibliothèque municipale. Brochures normandes. Anc. Uᵉ, 6.

Pierre Rouelle, dernier professeur royal de Langue grecque (1783-1791). — Le successeur de Louvel fut l'objet d'une présentation régulière de la part de l'Université. C'était Me Jean-Simon-Pierre Rouelle, prêtre, bachelier formé en théologie, ex-doyen de la Faculté, professeur en humanités au Collège du Bois. Bien qu'aucune candidature ne lui eût été opposée, Rouelle avait subi les épreuves d'usage et avait été déclaré, « d'un avis uniforme des cinq Facultés », capable de remplir ladite chaire et d'en faire les fonctions sous le bon plaisir de Sa Majesté. Ce témoignage d'estime était signé des noms de 21 membres de l'Université, tant recteurs ou doyens que professeurs des diverses Facultés (18 décembre 1783) (1).

Pierre Rouelle conserva jusqu'en 1791 la chaire de langue grecque. A cette époque, en sa qualité de recteur, il eut à apposer le premier sa signature au bas de la déclaration par laquelle l'Université repoussait comme contraire aux droits de la conscience le serment à la Constitution civile du clergé. On sait que cette désobéissance aux décrets de l'Assemblée constituante eut pour conséquence la destruction de l'Université, dont Pierre Rouelle fut ainsi le dernier recteur (15 juin 1791).

Si nous sommes à peu près renseignés, grâce aux procès-verbaux des concours, sur la capacité des professeurs royaux de langue grecque, les documents nous manquent au contraire pour apprécier

---

(1) Archives du Calvados. Université. Conclusions du général.

l'efficacité de leur enseignement : nous ignorons tout, du nombre comme de la qualité des auditeurs qui suivaient leurs leçons. Une note d'un contemporain nous apprend que celles-ci étaient peu suivies : elles n'avaient lieu, dit-il, que pendant une partie de l'année scolastique, les classes ne duraient guère qu'une heure, et il n'y avait qu'un petit nombre d'assistants (1). On se doutait bien que l'étude du grec au XVIII siècle n'était pas populaire.

L'abbé Rouelle, à la veille même de la Révolution, ne désespérait pas cependant d'intéresser le public à des exercices sur la grammaire grecque. Un programme que nous avons sous les yeux annonce pour le 4 juin 1789 (moins de trois semaines avant le serment du Jeu de Paume !) une séance publique au cours de laquelle seront traduits par ses élèves des morceaux choisis d'Homère et d'Anacréon, et comme le nom de ce dernier auteur, « dont plusieurs odes sont consacrées à l'amour », pouvait éveiller quelques scrupules, le vénérable abbé prenait soin de rassurer ses auditeurs : « Loin d'ici, écrivait-il, ces lecteurs trop austères ou trop prévenus qui, jugeant les compositions de ce poète par le titre ou d'après des imitations libres et des traductions peu fidèles, lui prêtent gratuitement des mœurs dissolues et confondent ses ouvrages avec les poésies licencieuses dont notre siècle abonde. Anacréon fut sobre et honnête, comme l'a

(1) Énault : *Mémoires sur la ville de Caen.* Manuscrit de la Bibliothèque municipale.

dit Athénée, et sage, ainsi que l'écrit Platon. »
L'explication du texte devait d'ailleurs être complétée par l'étude des imitations dont les odes avaient été l'objet de la part de La Fontaine, Rousseau et Lefranc de Pompignan. L'écolier désigné pour répondre était le jeune Frédéric Vaultier, de Barbery, brillant élève du Collège du Bois, depuis professeur au Collège Royal et à la Faculté des Lettres, l'un de ces hommes de mérite qui relient comme par un trait d'union de travail et d'honneur l'ancienne Université avec l'Université impériale (1).

(1) Marie-Claude-Frédéric-Étienne Vaultier, né à Barbery en 1772, fut compromis en 1793 dans l'affaire du Fédéralisme, et s'engagea dans la marine pour se faire oublier. A son retour à Caen, sous le Directoire, il entra comme professeur dans une institution privée et fut reçu docteur ès lettres par Royer-Collard le même jour que Guizot. (Il est assez intéressant à ce propos de remarquer que les deux thèses réunies de Frédéric Vaultier ne forment pas un ensemble de plus de 29 pages: la thèse latine, qui avait pour titre « Causarum Causa Deus », en comptait 13. La thèse française, qui traitait de la traduction, en avait 16.) Il devint bientôt après professeur de rhétorique au Collège Royal et de littérature française à la Faculté des Lettres. Savant et modeste à la fois, d'un caractère affable et bienveillant, il inspirait à ses élèves comme à ses collègues autant d'estime que de sympathie. On lui doit une Étude sur la poésie lyrique en France jusqu'au XVIe siècle, une Histoire de la ville de Caen et une Relation de l'Insurrection fédéraliste. Il est mort en 1843. (Voir Mancel, notice en tête des Souvenirs du Fédéralisme. Caen, 1858.)

Chaire royale de Mathématiques : Gadbled, Emmanuel Vittrel. — Une polémique entre professeurs de l'Université en 1780. — Les lettres patentes de mai 1764 accordant au sieur Gadbled des provisions pour la chaire royale de mathématiques en rapportent la création à l'arrêt du Conseil en date du 4 octobre 1704, mais c'était une erreur, ainsi que l'Université ne manqua pas de le faire observer, car la chaire existait longtemps avant cette date. La vérité est qu'en 1704, par la protection de l'intendant Foucault, les Jésuites avaient obtenu qu'elle fût rattachée au Collège du Mont avec le titre de Chaire de mathématiques et d'hydrographie. C'était là une de ces usurpations par lesquelles la fameuse société se plaisait à affirmer en même temps que son crédit à la Cour son esprit de domination. Lorsqu'elle eut succombé sous le poids des rancunes qu'elle avait excitées de toutes parts, l'Université s'empressa de rappeler ses droits si longtemps méconnus, et, tout en enregistrant les lettres de provisions du nouveau professeur, elle tint à déclarer que cette nomination ne devait point tirer à conséquence, et que « la chaire de mathématiques, vacance survenant, serait mise au concours, ainsi qu'il était de règle pour toutes les chaires royales ».

L'abbé Gadbled paraît avoir été un professeur instruit. Il aimait à citer parmi ses élèves La Place, membre de l'Académie des Sciences, mais il apportait dans la défense de ses intérêts et dans ses discussions avec ses collègues une vivacité et une violence fort éloignées de la mansuétude évangélique. Une demande qu'il adressait en 1780 à l'intendant pour obtenir dispense d'assister aux offices de la collégiale du Saint-Sépulcre, le mit aux prises avec le professeur de philosophie du Collège des Arts, Adam, qui était comme lui chanoine du Saint-Sépulcre, et comme tous ses confrères repoussait les prétentions de Gadbled. Celui-ci prétendait qu'ayant son domicile auprès des Grandes Écoles où se faisaient ses cours, il ne pouvait sans dérangement ni perte de temps assister chaque jour aux trois offices de chœur qui se célébraient à la collégiale, et demandait à être privilégié, c'est-à-dire dispensé des offices toutes les fois qu'il en serait empêché. D'autre part, les 800 livres de gages que lui rapportait la chaire royale de mathématiques n'étaient pas suffisantes pour qu'il pût renoncer à son canonicat.

Adam faisait observer que son confrère, en possession d'un logement à la collégiale, n'était nullement forcé de demeurer près des Grandes Écoles. Lui-même habitait au Sépulcre et venait deux fois par jour à l'Université; plusieurs de leurs confrères, professeurs de théologie ou de philosophie, faisaient de même; or, les leçons de mathématiques ne duraient qu'une heure et, selon les statuts, portaient uniquement sur les éléments, enfin elles n'étaient suivies que par un petit nombre d'auditeurs et ne réclamaient pas une longue préparation. Il terminait son factum par cette observation que le sieur Gadbled ne voulait que les avantages des places qu'il occupait, sans s'astreindre à en supporter les charges.

Gadbled répondait à ce « professeur de scolastique, signataire d'un mémoire dont le style n'est pas de lui », que, s'il avait eu le temps de s'instruire, il aurait probablement évité les balourdises de mécanique que le sieur Gadbled avait été obligé, pour l'instruction du public, de relever dans une brochure en 1775. Il dénonçait ce qu'il appelait les impostures du sieur Adam, lequel avait eu l'adresse de faire de sa classe plus de 1.000 écus par an, tandis que ses confrères, la plupart d'un mérite supérieur, restaient le plus souvent au-dessous des besoins. Avec plus de raison il représentait que « l'étude des mathématiques étant affaire de génie et demandant, pour être fructueuse, du temps suivi », il devait pouvoir y consacrer les heures de la matinée où l'esprit est apte à la production des idées dans un genre subtil tel que celui de l'analyse moderne.

Malheureusement les règlements étaient formels, et c'est en vain que Gadbled fatiguait tout le monde de ses réclamations. Dans une lettre qu'il adressait à Le Paulmier, l'un des membres les plus en vue de la Faculté de Droit, l'intendant le priait instamment de le délivrer des persécutions du sieur Gadbled en lui envoyant un avis succinct sur l'objet pour lequel on a fait des productions si volumineuses (décembre 1780).

Nous ignorons si Gadbled obtint gain de cause, mais au cours même de cette année scolaire, il cédait sa chaire à un suppléant, Emmanuel Vittrel, professeur de philosophie au Collège du Mont. A sa mort, arrivée en 1783, ce fut l'abbé Vittrel qui lui succéda en qualité de professeur royal, sans qu'il eût été procédé à un concours, et bien qu'un autre candidat se fût présenté. Aussi l'Université crut-elle devoir renouveler à cette occasion ses observations de 1764, et rappeler que la nomination du sieur Vittrel ne devait pas tirer à conséquence, la chaire royale de mathématiques devant, le cas échéant, être mise au concours, ainsi qu'il était de règle pour toutes les chaires royales de cette Université.

Il semble qu'Emmanuel Vittrel ait cumulé la chaire de mathématiques avec celle de philosophie au Collège du Mont, car il occupait encore cette dernière lors de l'édit-règlement de 1786. A cette époque, il fut appelé à la chaire nouvelle de physique expérimentale et remplacé comme professeur de mathématiques par Pierre Le Canu, professeur royal honoraire de médecine. Nous aurons l'occasion de parler de Le Canu quand nous étudierons l'histoire du Collège constitutionnel et de l'École centrale du Calvados (1).

---

(1) Une affiche conservée à la Bibliothèque municipale donne le programme d'une séance d'exercices sur le cours professé par Le Canu :

Exercices sur le calcul infinitésimal.

1re partie : Calcul différentiel.
2e partie : Calcul intégral.
3e partie : Usages du calcul infinitésimal.
Répondra : Pierre-Jacques-Guillaume Lair, de Caen.
Présidera : M. Pierre Le Canu, professeur émérite et royal honoraire de médecine à l'Université de Caen, associé régnicole de la Société royale de médecine de France, lecteur du roi et

Chaire royale de Physique expérimentale. — L'institution de cette chaire répondait au vœu maintes fois exprimé de l'Université et de l'opinion publique. Le succès qu'y obtint l'abbé Vittrel était de bon augure pour l'avenir. Malheureusement il ne fit qu'y passer. Déjà atteint du mal qui devait l'emporter, il y fit preuve, au dire de son ami Coquille-Deslonchamps, d'une méthode si lumineuse, d'un fonds de connaissances si riche et si abondant, d'une adresse pour les manipulations si savante et si sûre, qu'il ravit d'admiration la foule des auditeurs, même les plus distingués, qui accouraient à ses leçons et qui l'interrompaient à chaque instant par les applaudissements les plus solennels (décembre 1786).

Le successeur d'Emmanuel Vittrel dans la chaire de physique expérimentale fut nommé dans les formes prescrites par l'édit-règlement de 1786. Il résulte en effet du texte d'une conclusion de l'Assemblée générale que les six électeurs (y compris le doyen) nommés par chacune des Facultés, se réunirent en habit académique, le 21 décembre 1786, pour désigner les trois sujets qui devaient être présentés à Sa Majesté. Ce furent en première ligne M. Jouvin, docteur en théologie, professeur de philosophie au Collège du Mont; en deuxième ligne, M. J.-B. Vittrel, docteur en théologie, ancien pro-

---

son professeur de mathématiques au Collège Royal de Normandie (16 juin 1788.)

Bibl. municipale. Brochures normandes. Anc. Université, III.

fesseur de philosophie et frère de feu Emmanuel Vittrel ; en troisième ligne, M. Pelhaste, maître ès arts.

L'abbé Jouvin, qui fut nommé par le roi, était encore en fonctions en 1791 (1).

Nous ne nous occuperons pas ici de la chaire de chimie fondée à l'Université par l'édit de janvier 1765 et dont le dernier titulaire fut Toussaint-Robert Deschamps, docteur en la Faculté de Médecine. On sait que dans les Universités de l'Ancien Régime, la chimie, de même que l'histoire naturelle, était rattachée à la Faculté de Médecine. Seuls parmi les enseignements qui constituent aujourd'hui le domaine de la Faculté des Sciences, ceux des mathématiques et de la physique appartenaient à la Faculté des Arts.

Les Collèges de la Faculté des Arts.

Leur organisation générale. Le Collège du Cloutier. — Les collèges de l'Université, au témoignage des annalistes caennais, furent nombreux aux XVIe et XVIIe siècles. La notice jointe au Plan de la ville de Caen dédié au duc de Montausier et qui date de 1672 en compte huit dans le quartier des Grandes Écoles et quatre dans l'Ile Saint-Jean.

On donnait alors le nom de collèges, il ne faut pas l'oublier, aux couvents tels que ceux des Corde-

---

(1) Archives du Calvados. Université. Conclusions du général, 1786.

liers, Jacobins, Carmes et Capucins, dont les religieux suivaient les cours de l'Université, et même à de simples « pédagogies » analogues à nos établissements libres, où les enfants, avant d'être admis aux cours des Grandes Écoles, recevaient une instruction élémentaire. La prospérité de telles maisons, comme leur existence même, dépendait de la confiance qu'elles inspiraient aux familles. Aussi, beaucoup ont-elles disparu par la suite des temps sans laisser de traces. Quant aux « collèges fondés » c'est-à-dire pourvus de fondations ou bourses destinées à en assurer la perpétuité, nommés encore collèges de plein exercice parce qu'on y donnait tous les enseignements, y compris la philosophie, nécessaires pour l'examen de la maîtrise ès arts, ils ne semblent pas avoir à aucune époque dépassé le nombre de trois : c'étaient les Collèges du Bois, des Arts et du Mont. La vie de ces établissements constitue pour une part très importante l'histoire même de la Faculté des Arts : après avoir retracé les traits communs de leur constitution et rappelé les conditions générales d'existence des principaux et des professeurs, nous exposerons donc dans une notice détaillée consacrée à chacun d'eux les faits dominants de leur histoire et la suite des maîtres qui s'y sont succédé au cours du XVIIIe siècle.

Nous nous bornerons à dire ici quelques mots d'une maison désignée encore au commencement du XVIIIe siècle sous le nom de collège, bien qu'elle fût à peu près étrangère à la Faculté des Arts, c'est le Collège du Cloutier. Fondé en 1452 par Roger Le Cloutier, seigneur de Saint-Germain-le-Vasson et du Mesnil d'Argences, cet établissement était doté de trois bourses, et plusieurs maisons en dépendaient vers l'extrémité de la rue Neuve-Saint-Jean. Déjà bien avant le XVIII° siècle il n'avait plus qu'une existence précaire, et c'est à peine si en 1699 il comptait une quarantaine d'écoliers avec un seul régent. En 1727, il n'en avait plus que trente. A cette époque, l'immeuble principal était occupé par un maître d'école nommé Vaultier et par son frère, barbier-perruquier, qui y exerçait publiquement son métier. Dans de telles conditions, le maintien du Collège du Cloutier était évidemment inutile (1). Sur la proposition du recteur Louet, il fut supprimé par lettres patentes en date de 1731. La dotation, montant à trois cents livres environ, fut affectée au service de la bibliothèque.

Les Principaux des Collèges. — Chacun des collèges de l'Université avait à sa tête un principal ou proviseur, mais le mode de nomination des principaux, et aussi leurs attributions, variaient d'une maison à l'autre, selon les dispositions des actes de fondation et leurs traditions particulières.

Au Collège du Bois, le principal tenait ses pouvoirs du seigneur de la Mare Gouvis, patron du collège, en sa qualité d'héritier du fondateur. Au Collège des Arts, il était l'élu de la Faculté des

---

(1) De Beaurepaire: *Caen illustré*.

Arts, propriétaire de l'établissement. Au Collège du Mont, enfin, lorsque ce dernier eut fait retour à l'Université, il était désigné par l'Université, de concert avec les représentants de la ville. Dans tous, les seules conditions requises des candidats étaient d'être célibataires et suffisants tant en doctrine qu'en bonnes vie et mœurs. Un droit de confirmation était bien réservé par le règlement de 1586 au bailli ou à son lieutenant, en sa qualité de conservateur des privilèges royaux, mais c'était une simple formalité. Du fait seul de son installation, le nouveau principal recevait l'usufruit des biens et revenus de toute nature attachés au collège, avec le droit exclusif de diriger l'établissement, d'en faire observer les statuts, d'y assurer le maintien du bon ordre et la marche régulière des études par toutes mesures utiles, y compris la nomination des professeurs.

Cette dernière prérogative, d'une importance capitale, s'exerçait en pleine liberté, au moins jusqu'à la publication de l'édit-règlement de 1786 qui réservait au roi, après concours public, la nomination des professeurs (1). Avant cette réforme, le droit des principaux n'avait jamais été contesté, et toutes les difficultés auxquelles il avait pu donner lieu provenaient non du principe de cette prérogative même, mais des circonstances où elle avait pu s'exercer. En 1743, la chaire de seconde du

(1) Archives du Calvados. Université. Conclusions du général. D. 78.

Collège du Bois se trouvait vacante, du fait de la défense signifiée par le ministre au sieur Danet, professeur, de faire les fonctions de cette place. La lettre de cachet ayant ordonné en même temps à l'Université d'y commettre telle personne qu'elle estimerait capable d'en remplir les fonctions, le principal, Maheult de Sainte-Croix, protesta au nom des statuts et règlements du collège, et adressa à Sa Majesté « de très humbles remontrances fondées sur ce que le droit lui appartenait, et non à l'Université, de nommer les professeurs du Collège du Bois ». Le ministre ne fit nulle difficulté de reconnaître le droit du principal. Il fit seulement observer qu'il s'agissait dans l'espèce d'un simple intérim, « vu que le pourvu n'étant pas dépossédé, la chaire n'était pas vacante, et que toutes garanties seraient données pour l'avenir au principal (1).

---

(1) Les règlements interdisaient aux principaux de recevoir pour la nomination des régents « aucun argent ou autre chose », mais qui pourrait croire que le choix des professeurs ait toujours été inspiré par le seul souci des intérêts des collèges ? Au cours du procès intenté à Énée, régent de 4e au Collège du Bois, vers le milieu du XVIIIe siècle, il fut établi que le principal, Maheult de Sainte-Croix, avait exigé de ce professeur le versement d'une somme de cent écus entre les mains de Heurtauld, son prédécesseur, pour prix de sa démission. Maheult fut encore forcé de reconnaître un marché du même genre conclu pour la cession d'une chaire de rhétorique, dont le prix avait été fixé à 800 livres. Il prétendait seulement être resté étranger à cette dernière négociation, qu'il aurait même été sur le point de dénoncer à l'Université. Il fut d'ailleurs affirmé au cours de l'enquête qu'au moment même où le

Les fonctions des principaux étaient à vie, et leur administration n'était soumise à aucun contrôle régulier. Leur gestion financière, de même que la direction générale donnée au collège, ne regardait qu'eux-mêmes, ou du moins ils n'avaient légalement à rendre compte ni de l'une ni de l'autre. Étant seuls juges de leur intérêt personnel, comme de l'observation des règlements particuliers de l'établissement, ils pouvaient, en cas de conflit avec leurs professeurs, passer outre à l'avis de la Faculté des Arts, et même à celui du général de l'Université, et saisir de leurs plaintes le juge conservateur des privilèges ou le Parlement de Rouen. Le Collège du Bois, le plus important de l'Université, eut à sa tête, pendant près de trente ans, un principal, Maheult de Sainte-Croix, qui ne s'occupait guère de l'établissement que pour en toucher les revenus et y provoquer, par son despotisme et son arrogance, d'interminables conflits. En 1721, il était officiellement constaté par la Faculté des Arts que « depuis cinq ans, mais surtout depuis deux, le sieur Maheult ne remplissait aucune des fonctions de sa charge, sauf sa présence à certaines assemblées et délibérations solennelles ». Noble homme Jacques Maheult, seigneur et patron de Sainte-Croix-sur-la-Mer, ainsi qu'il se qualifiait, négligeait même de faire dire les messes qui, d'après les

principal engageait contre Énée un procès scandaleux qui devait entraîner sa destitution, il acceptait, s'il ne les provoquait pas, les offres qui lui étaient faites dans l'intérêt d'un candidat à la chaire qui allait devenir vacante.

actes de fondation du collège, restaient à sa charge. L'année suivante, lors d'une inspection officielle du recteur, personne ne se présenta pour le recevoir, bien qu'il eût annoncé sa visite depuis la veille. Le portier même était absent. Quant au principal, lorsqu'enfin il parut, ce fut pour déclarer que tout était en ordre dans le collège, que lui-même apportait au maintien de la discipline tous les soins nécessaires, et que notamment il présidait chaque jour à l'entrée et à la sortie des classes : cette dernière allégation fut aussitôt démentie par les professeurs de philosophie et de rhétorique, qui vinrent à l'envi déclarer que pas une fois le principal ne s'était trouvé là pour empêcher les élèves des classes inférieures de troubler par leurs cris leurs exercices. En dépit des censures de l'Université, Maheult de Sainte-Croix conserva jusqu'à sa mort une autorité dont il faisait trop souvent un si fâcheux usage.

Non moins âpre dans la défense de ses prérogatives, bien que plus soucieux de ses devoirs, Mac-Parlan, le dernier des principaux du Collège du Bois, déniait à l'Université le droit d'intervenir dans ses querelles avec ses professeurs, relativement à la répartition des logements du collège. Le recteur, en vertu d'une délibération de l'Université, s'étant rendu au collège pour visiter les appartements destinés aux régents, il refusait de les lui faire ouvrir, « attendu que le patron du collège lui avait défendu de recevoir à l'avenir de pareilles visites, comme étant incompétentes, contraires à son droit, à celui du principal et du collège ». Comme le recteur opposait à de telles prétentions les dispositions du règlement de 1586, Mac-Parlan porta l'affaire devant la Cour afin de faire juger que c'était au principal seul et non à l'Université qu'il appartenait de régler souverainement la question. Il protestait en même temps contre certaines modifications apportées par l'Université aux concours du Palinod, et qu'il déclarait contraires à ses légitimes prérogatives; enfin, il dénonçait comme d'abus la délibération par laquelle il avait été exclu des séances à cause de ses réclamations incessantes. A l'appui de sa requête il avait écrit un volumineux factum, et, bien que l'Université eût produit de son côté un mémoire détaillé, ce fut lui qui obtint gain de cause. Par son arrêt en date du 25 juillet 1773, la Cour Souveraine, tout en reconnaissant à l'Université le droit de juridiction correctionnelle sur ses membres, annulait les délibérations prises à l'encontre du principal, ainsi que les dispositions récemment édictées au sujet du Palinod. Quant aux logements des professeurs, il renvoyait les parties à se pourvoir devant le juge conservateur des privilèges.

Une telle victoire était bien faite pour entretenir Mac-Parlan dans ses idées d'indépendance. Il se dispensait de recevoir le recteur au collège quand celui-ci s'y présentait officiellement, se bornant à lui faire dire qu'il était incommodé et qu'il en était bien fâché; un concours ayant été ouvert par décision du tribunal du recteur et conformément aux dispositions du règlement de 1786 pour la chaire de quatrième dont le titulaire venait de mourir, le principal n'hésitait pas à protester au nom des droits de la dame de Bonnebosq, patronne du collège, et à en appeler au garde des sceaux. Repoussé de ce côté, il s'abstenait de paraître aux séances du concours et refusait d'installer le nouveau professeur (1).

De tels agissements éclairent d'un jour singulier les relations des membres de l'Université avec les chefs de la corporation. Encore peut-on faire observer qu'un principal du Collège du Bois tenait ses pouvoirs d'un patron étranger à l'Université, et pouvait être mal préparé par ses antécédents à l'observation des règlements universitaires : Maheult de Sainte-Croix, par exemple, n'avait jamais appartenu à l'Université avant d'être appelé à gouverner le Collège du Bois. Mais n'est-il pas étrange que les principaux mêmes du Collège des Arts aient pu se croire en droit de braver l'autorité de l'Université, aussi bien que celle de la Faculté des Arts dont ils tenaient leurs pouvoirs? En 1713, le principal, Le Chanoine, sans consulter la Faculté, crée une chaire de seconde au Collège des Arts, en désigne le titulaire et l'installe en dépit des protestations du doyen. Invité par la Faculté à lui remettre les archives du collège où il prétend trouver la justification de sa conduite, le principal s'y refuse, comme il refuse de rendre compte d'aucun des actes de son administration et d'expliquer pourquoi

(1) Arch. du Calv. Université. Concl. du général. 20 février 1789

il n'habite pas le collège depuis qu'il en a été élu principal, et ne s'acquitte pas de ses fonctions selon les statuts. Ni les plaintes portées devant le tribunal du recteur, ni les menaces de poursuites devant le conservateur des privilèges ne peuvent triompher de sa dédaigneuse obstination. Les protestations de la Faculté des Arts qui, il est vrai, n'étaient pas unanimes, demeurèrent sans effet.

Un de ses successeurs, Germain Michel, nous apparaît comme un digne émule de son collègue Maheult de Sainte-Croix pour la violence de son caractère et la conception toute personnelle de son rôle de principal. Non content de s'absenter durant de longs mois sans prévenir ni le recteur ni les professeurs et, pour employer l'expression du recteur, de scandaliser ainsi le public et les écoliers du collège, il n'hésitait pas à forcer, de concert avec Maheult, les serrures des archives de l'Université et à se saisir des pièces dont il prétendait avoir besoin pour un procès au Parlement. Invité à répondre de ce fait devant l'Assemblée générale, il s'abstenait de s'y rendre, et cela en dépit de trois monitions à lui signifiées par le recteur, et ne consentait à retirer les accusations infamantes portées par lui contre un professeur que pour éviter les poursuites criminelles dont il était menacé devant la Cour (1).

L'autorité des principaux des collèges aurait pu dégénérer en tyrannie, si l'exercice n'en avait été

(1) Archives du Calvados. Conclusions du général.

limité, à défaut de règles formelles, par des traditions et des usages, et par-dessus tout, par celui qui conférait aux régents le bénéfice de l'inamovibilité (1). Ceux-ci, une fois installés dans leur chaire, n'en pouvaient être écartés que par la mort ou une démission volontaire. Le principal qui les y avait placés était impuissant à les en faire descendre, et, même s'il avait contre eux les plus graves sujets de plainte, n'avait d'autre ressource que d'obtenir de gré ou de force leur démission. En cas de refus, il devait saisir de ses griefs la Faculté des Arts, souvent mal disposée à son égard, ou engager devant le juge conservateur des privilèges

(1) L'inamovibilité ne fut jamais reconnue comme un droit appartenant aux régents, non plus du reste qu'aux principaux. L'arrêt-règlement de 1586 dispose même que « le 1er jour de septembre par chacun an, sera faite assemblée à l'hôtel commun de ladite ville par ledit bailly de Caen ou son lieutenant, nostre procureur audit lieu, gouverneur et eschevins de ladite ville et autres officiers et notables bourgeois d'icelle qu'ils aviseront, pour regarder à continuer ceux qui auront fait leur devoir en leurs lectures, en l'année passée, et ceux qui seront à continuer à leurs gages, ou autrement, pourvoir d'autres à leurs places : à laquelle assemblée comparaîtront les docteurs, régents, professeurs et principaux des collèges ayant gage sur les deniers de nouveau octroyez et donnez à ladite Université... et seront stipendiés par chacun an selon leurs mérites ». En fait, les professeurs de l'Ancien Régime étaient assurés de garder indéfiniment leurs chaires ; ils n'avaient pas même à craindre, comme les fonctionnaires actuels de l'enseignement public, d'être privés de leurs fonctions par application de la règle de la limite d'âge.

Archives du Calvados. Université. D. 51.

ou le Parlement de Rouen un procès qui pouvait tourner à sa confusion.

D'autre part, si les droits des principaux, en matière financière, paraissent n'avoir été soumis pour ainsi dire à aucune restriction, leur succession devait compte à l'Université des bâtiments et du mobilier qui leur avaient été confiés, et dans le cas de dégradations ou pertes dûment constatées, était sujette aux réparations et restitutions reconnues nécessaires. De là, des difficultés qui plus d'une fois surgirent entre les principaux entrant en charge et les héritiers de leurs prédécesseurs.

Les Régents. — Les régents des collèges étaient choisis par les principaux parmi les maîtres ès arts, et d'ordinaire parmi les gradués des Facultés supérieures. En vertu d'une tradition remontant aux origines de l'Université, ils appartenaient le plus souvent au clergé, soit comme prêtres, soit comme simples minorés. Avec le temps, des maîtres laïques et même mariés furent admis dans la Faculté des Arts comme dans les Facultés supérieures, mais le préjugé en faveur du célibat était encore si vivant à la fin de l'Ancien Régime, qu'en 1784, un des derniers recteurs de l'Université, le docteur Chibourg, déclarait le mariage des professeurs peu favorable à l'éclat et à l'honneur de l'Université : « les Muses étaient célibataires; pouvaient-elles vivre dans le temple de l'hyménée, séjour des peines et des soucis ? les soins du ménage, des enfants, de leur éducation et de leur établissement n'étaient-ils pas

autant d'obstacles à l'étude ? » Sans nier qu'il pût y
avoir « de bons académiciens » mariés, Chibourg
oubliait que les Universités protestantes, dans lesquelles le célibat des maîtres fut toujours l'exception, étaient en possession d'une prospérité et d'une
influence qu'auraient pu leur envier celles des pays
catholiques.

Jusqu'au XVIIIe siècle, le régime imposé aux
régents des collèges rappelait le temps où l'éducation de la jeunesse avait été le privilège exclusif
du clergé. C'était une sorte d'internat, d'un caractère semi-monacal, qui, en retour d'un service quotidien assez lourd, ne leur assurait guère que le
vivre et le couvert dans l'enceinte des collèges.
L'arrêt-règlement de 1586 sur les disciplines libérales de l'Université continuait à mettre à la charge
des principaux la nourriture aussi bien que le logement de leurs collaborateurs (1). Avec le temps,
cette communauté de vie, gênante pour les uns et
pour les autres, avait fait place à un régime plus
libre: l'obligation de loger les régents dans les
maisons des collèges resta seule à la charge des
principaux. Mais, dès lors, une nouvelle question se
posait, celle d'un traitement convenable, assurant
aux maîtres et, s'il y avait lieu, à leur famille des
moyens d'existence. Longtemps ils s'étaient con-

(1) « Iceux principaux et régents résideront dans leurs collèges,
sans divaguer ni coucher au dehors, et prendront leurs repas,
comme aussi les escoliers, en la salle et table commune si commodément faire se peut » (Art. IV).

tentés d'avantages tels que le privilège des gradués, l'honoraire et le partage des droits d'examens. Les ressources, toujours incertaines et fort modestes qu'ils en retiraient, étaient devenues par la suite des temps tout à fait insuffisantes.

Le Privilège des Gradués et le Septennium. — Les professeurs des Arts, même non gradués en théologie, jouissaient après sept ans d'exercice du privilège du « Septennium », et à ce titre concouraient avec les docteurs en théologie pour les bénéfices réservés à l'Université. Ce n'était pas là une vaine prérogative, car si la plupart de ces bénéfices étaient d'un mince revenu, il s'en trouvait dans le nombre qui n'étaient pas sans importance. Aussi la Faculté des Arts soutenait-elle énergiquement les droits de ses membres septennaires contre les prétentions de la Faculté de Théologie. Celle-ci, aux termes de l'arrêt de 1699, avait un droit de préférence sur les bénéfices réservés à l'Université. Mais ce droit devait-il profiter aux docteurs non pourvus de chaires, sous prétexte qu'ils faisaient partie de la Faculté et, comme les professeurs titulaires eux-mêmes, prenaient part aux actes publics de l'Université? Cette interprétation eût anéanti en fait les chances des professeurs de la Faculté des Arts. Aussi celle dernière soutenait-elle que, seuls, les professeurs titulaires de théologie pouvaient être préférés, le cas échéant, aux régents des collèges.

La question se posa notamment en 1752 pour la possession d'une des chapelles de la cathédrale de

Bayeux, disputée à la fois par Godard, professeur de rhétorique au Collège des Arts, et Poret, docteur en théologie. Les prétentions de ce dernier furent écartées en première instance par le juge conservateur des privilèges, mais l'affaire fut portée en appel devant le Parlement. Dans le mémoire qu'elle publia à cette occasion, la Faculté des Arts ne manquait pas d'invoquer à l'appui de sa thèse des considérations d'intérêt général : « Si une expectative certaine n'engage plus d'habiles maîtres à remplir les chaires des collèges, disait-elle, il n'en sortira plus que des sujets médiocres par le défaut d'instruction, et ces sujets, destinés à entrer dans les autres Facultés, y porteront une langueur et un affaiblissement causé par celui de la première Faculté dans l'ordre des études. » (1)

La Municipalité elle-même avait pris parti dans le débat. « Si la Faculté des Arts venait à succomber sous les efforts des théologiens, écrivait son représentant, les collèges, qui ont déjà vu le nombre de leurs élèves diminuer par l'érection de plusieurs collèges dans les villes circonvoisines, deviendraient entièrement déserts. Il ne se trouverait plus de professeurs soutenus par l'espérance de voir leurs pénibles travaux récompensés par le prix que leur offre le droit des gradués. L'émulation, qui est l'âme des études, achèverait de s'éteindre. Les principaux ou proviseurs n'auraient plus le choix d'hommes à

(1) Bibliothèque municipale. Brochures normandes. Ancienne Université, I.

talents qui veuillent régenter les classes inférieures, tandis que de simples docteurs en théologie enlèveraient tous les bénéfices simples qui auraient pu servir de récompense à l'étude et au travail des professeurs des Arts. » Le mémoire exposait ensuite les avantages résultant pour les jeunes gens des campagnes de la fréquentation des grands collèges.

« Les écoliers sortant des petits collèges, disait-il, une fois arrivés à l'Université, se trouvent pour la plupart hors d'état d'entendre nos professeurs de philosophie qui parlent le latin dans toute sa pureté. Quel moyen d'ailleurs les enfants ont-ils de perdre leur mauvais accent et de parler français, dans des villes ou des bourgs où règne la corruption du langage? N'est-ce pas condamner les jeunes gens à une grossièreté presque misérable que d'ôter les motifs qui invitent les parents à envoyer leurs enfants dans une ville où l'accent n'est pas vicieux, où les honnêtes gens ont de bonnes manières et parlent purement la langue, etc. »

En d'autres temps, la cause de la théologie eût sans doute triomphé. Au XVIIIe siècle, ce n'était pas de ce côté qu'inclinaient les esprits dans le public non plus que dans le Parlement. Godard obtint gain de cause. Mais ce n'est pas seulement contre les théologiens que les régents de la Faculté des Arts avaient à défendre leurs droits. En 1741, la vacance du prieuré de Gavray mit aux prises un professeur de rhétorique du Collège des Arts, Godefroy, et le principal du même collège, Germain Michel, auquel ne manqua pas de s'adjoindre son collègue Maheult de Sainte-Croix. La thèse des principaux n'obtint d'ailleurs aucun succès. L'arrêt du Parlement réservant aux seuls professeurs en titre le bénéfice de l'expectative fut confirmé sur appel par le Conseil du roi (1).

Les régents, pourvu qu'ils fussent ecclésiastiques, étaient donc assurés de jouir dans un avenir plus ou moins éloigné d'un supplément de revenu qui d'ordinaire s'élevait à quelques centaines de livres. La plupart d'entre eux furent chanoines du Saint-Sépulcre, chapelains d'une communauté, titulaires d'un bénéfice. Parfois ils dirigeaient une éducation particulière ou prenaient chez eux comme pensionnaires des élèves ou même d'autres régents, leurs collègues. Ces dernières ressources étaient les seules dont pussent profiter les professeurs laïques, célibataires ou mariés, pour suppléer à l'insuffisant produit de la rétribution scolaire.

L'Honoraire. — On désignait sous le nom d'honoraire la rétribution versée par les écoliers d'une classe entre les mains du régent (2). Le produit n'en

(1) Archives du Calvados. Université. Conclusions du général, 1742.

(2) « Il est défendu aux dits régents exiger aucune chose de leurs écoliers directement ou indirectement, pour quelque occasion que ce soit, ains se contenteront des gages qui leur seront attribués, selon leur labeur, diligence et mérite; seront tenus toutefois les escoliers honorer les dits régents chacun de demy escu, sur et environ la Saint-Martin d'hyver, et un escu sur les festes de Penthecoste, pour recognoissance de la bonne

était pas le même pour tous les régents d'un même établissement, car si les classes de philosophie, dont l'effectif était toujours considérable, pouvaient procurer à leurs titulaires des revenus supérieurs à ceux des professeurs royaux, les régents des autres classes souffraient de la concurrence des maîtres isolés et des maisons religieuses qui, à Caen même et surtout dans les villes et bourgs de quelque importance, disputaient aux collèges de l'Université l'éducation des enfants. Ces écoles, ouvertes en violation des ordonnances et des arrêts de la Cour, ne distribuaient pas pour l'ordinaire un enseignement très élevé; elles n'en retenaient pas moins beaucoup de jeunes gens loin des collèges de plein exercice. Dans les campagnes même, des prêtres faisaient métier de former les enfants les mieux doués ou les plus riches de la paroisse aux rudiments du latin. Ils s'attachaient à les garder longtemps, trouvant dans le sac de blé, la volaille grasse ou la motte de beurre qui leur étaient offerts de temps à autre, un supplément fort appréciable aux minces revenus de la portion congrue. Les familles, de leur côté, se prêtaient volontiers à des arrangements qui leur permettaient de « pousser leurs fils dans les études », et cela sans bourse délier et sans avoir à les

diligence et vigilance des dits régents, et néanmoins deffendu aus dits régents prendre ne recevoir davantage pour telle considération ne autre que ce soit. »

Arrest et reiglement de la Cour de Parlement sur les disciplines libérales de l'Université de Caen, 1586. Art. XVI.

Archives du Calvados. D. 51.

envoyer à la ville. L'Université avait beau s'élever contre cette abusive désertion de ses collèges, signaler les mauvaises habitudes de travail chez des écoliers formés par des maîtres incompétents, dénoncer les lacunes de leur instruction: personne n'était touché de ses doléances ni tenté de faire respecter ses privilèges.

D'autre part, ces appels faits périodiquement par les régents à la bourse de leurs propres élèves, leur insistance rendue trop souvent nécessaire par la négligence des uns et le mauvais vouloir des autres, les reproches, les menaces d'exclusion auxquelles il leur fallait avoir recours dans certains cas, devaient coûter à leur dignité. « L'existence des professeurs, disait la Faculté des Arts, dépend du caprice et du nombre des écoliers, d'autant que la perception de l'honoraire devient par le malheur des temps plus difficile et plus onéreuse... Cette incertitude et cette honteuse dépendance ont perpétué et même augmenté le découragement des maîtres et l'indocilité des écoliers. ce qui entraîne nécessairement le relâchement de la discipline et la ruine des études ! (1) »

Faute de mieux, « afin de rendre le sort du professeur indépendant du caprice de l'écolier et mettre celui-ci hors d'état de se prévaloir de la

(1) Archives du Calvados. Université. Conclusions de la Faculté des Arts, 1769.
La plupart des professeurs se plaignaient de perdre le quart de leur honoraire, parce qu'ils ne pouvaient se faire payer de leurs écoliers.

faveur qu'il croyait accorder à un maître en lui donnant la préférence sur d'autres », la Faculté des Arts arrêta que le produit de l'honoraire dans les classes de philosophie serait à l'avenir partagé par parties égales entre les quatre professeurs, s'ils y consentaient, et qu'il en serait de même dans les classes de rhétorique et les classes inférieures. Dans chaque collège, les sommes recueillies seraient versées entre les mains du principal et la distribution en serait faite aux ayants droit par le doyen de la Faculté.

Ce système présentait le double avantage de diminuer les causes de division entre les professeurs et d'enlever à la rétribution scolaire le caractère d'une contribution personnelle versée par les élèves pour la subsistance des maîtres. La Faculté n'en continuait pas moins de réclamer pour ses membres un traitement fixe et suffisant pour leurs besoins.

L'arrêt du Parlement attribuant à l'Université la propriété des biens ayant appartenu à la maison des « cy-devant soy-disants Jésuites » avait semblé tout d'abord rendre possible la suppression de l'honoraire.

Cette espérance fut trompée. La vente du mobilier des Jésuites ne produisit que des ressources insuffisantes et d'ailleurs temporaires et le reste de leur fortune n'était pas disponible. Bon gré, mal gré, il fallait donc conserver l'honoraire, mais la perception en fut réglementée de manière à prévenir toute discussion entre professeurs et écoliers. Tout élève entrant dans une classe était astreint à verser par provision entre les mains des professeurs une rétribution annuelle de 18 livres, soit 12 livres à la Saint-Rémi (1er octobre) et le reste à la Pentecôte. Le versement avait lieu au moment même de l'inscription et avant l'admission des écoliers. Les régents étaient d'ailleurs invités à exempter de tout paiement ceux dont les familles ne jouiraient pas d'une fortune suffisante (1).

Ce fut seulement en 1786 que les vœux de la Faculté des Arts, en ce qui concerne l'honoraire des régents, furent enfin exaucés. Tout en maintenant provisoirement le principe de la rétribution scolaire, l'édit-règlement disposait que le produit en serait versé dans la caisse générale de l'Université, et que les traitements des régents seraient payés sur les arrérages d'une rente de 18.000 livres sur les Économats.

Inamovibilité des Professeurs. — L'Éméritat. — Si modeste que fût la condition des régents, elle offrait au moins l'avantage de la sécurité. Ils étaient à l'abri des caprices des principaux comme de l'arbitraire du pouvoir royal, et, sauf pour des fautes d'une gravité exceptionnelle, n'avaient pas à craindre de se voir dépouiller de leurs fonctions. Nous n'avons pas rencontré, du moins au XVIIIe siècle, un seul exemple d'un professeur victime d'un abus

---

(1) Arrêt du Parlement du 5 mars 1771. Archives du Calvados. Université. Conclusions de la Faculté des Arts, 1771.

de pouvoir. Si, en 1687, un professeur de troisième du Collège du Bois, Jean Crespel, fut déclaré par l'Université déchu de ses fonctions pour avoir composé des vers « contre le respect dû à M. l'Intendant », il y fut rétabli au bout de quelques jours, à la demande du magistrat qu'il avait offensé. Si un autre régent du même Collège du Bois, Danet, professeur de troisième, reçut en 1743 défense, de la part du roi, de faire désormais les fonctions de cette place, la décision royale n'avait rien d'arbitraire : Danet, à la suite de faits qui ne nous sont pas connus, avait écrit et signé, quelques mois auparavant, une lettre de démission, en vertu de laquelle le principal, Maheult de Sainte-Croix, avait cru devoir lui donner un successeur. Sans renier sa signature, il avait ensuite déclaré retirer sa démission comme imposée par contrainte et menace de scandale. La Faculté des Arts ayant reconnu, après enquête, que « le sieur Danet n'avait fourni aucune preuve d'aucuns moyens valides contre ladite démission », avait arrêté que la nomination faite par le sieur de Sainte-Croix devait être exécutée selon sa forme. La lettre de cachet prononçant l'exclusion de Danet ne faisait que ratifier le jugement de ses pairs.

Inamovibles en fait, sinon en droit, les régents des collèges ne pouvaient quitter à leur gré leurs fonctions : « Ne pourront les régents ayant commencé à instruire l'une des classes d'un collège, disait le règlement de 1586, laisser la charge par eux entreprise, ne désemparer jusqu'à la fin du temps qu'ils auront promis. » (Art. xix.) On admettait toutefois qu'en cas de maladie ou d'empêchement légitime, ils se substituassent « telle personne capable qu'ils voudraient choisir ».

Les statuts n'avaient rien prévu en faveur du régent devenu incapable d'exercer ses fonctions par l'effet de l'âge ou de la maladie. L'arrêt de 1699, s'il conservait aux professeurs quittant la régence après vingt ans d'exercice les honneurs et privilèges de l'Université, ne leur attribuait pas d'émoluments. C'est seulement au XVIII° siècle que l'on commença à s'occuper d'assurer le sort des vieux maîtres. En 1732, le cardinal Fleury, sur la pension de 3.000 livres qu'il accordait à l'Université, consacrait 600 livres à améliorer le sort des professeurs de la Faculté des Arts « dont les fonctions étaient les plus pénibles et les besoins les plus pressants », ce qui permit à l'Université de constituer deux pensions d'émérite, de 300 livres chacune, en faveur des deux plus anciens régents des collèges (1).

L'édit de 1786, en même temps qu'il assurait aux professeurs en exercice une rémunération convenable de leurs services, mit aussi leur vieillesse à l'abri du besoin : il créait en effet des pensions d'émérites au profit de ceux que l'âge ou la maladie forçaient de renoncer à leurs pénibles fonctions. L'argent, il est vrai, fit plus d'une fois défaut pour réaliser les vues généreuses du roi, les arrérages de la rente de 18.000 livres sur les Économats ne

(1) Archives du Calvados. D. 181-196.

furent pas toujours payés à l'échéance. Mais les embarras du trésor royal devaient être temporaires, du moins on l'espérait, et l'on estimait dès lors que la situation faite aux régents présentait assez d'avantages pour entretenir le zèle de ceux qui se consacraient aux « fonctions laborieuses, mais intéressantes et honorables, de l'enseignement ». Le nombre des pensions d'émérites était fixé à quatre, et leur valeur à 600 livres. Elles pouvaient se cumuler avec le produit des droits d'examens, et restaient acquises aux titulaires tant qu'ils n'avaient pas obtenu un bénéfice ou un emploi de l'Université valant au moins 1.200 livres de revenu.

Ressources accessoires des Régents. — Maîtrise ès arts. Dons des Officiers. — Le produit des droits payés par les nouveaux maîtres ès arts variait d'une année à l'autre, mais dans des limites assez restreintes. Il fut délivré une cinquantaine de lettres de maîtrise, année moyenne, pendant la première moitié du XVIIIe siècle. Ce chiffre s'accrut par la suite, mais sans jamais beaucoup dépasser 80. Encore, dans les dernières années qui précèdent la Révolution, le voit-on tomber à 47 en 1789 et à 27 en 1790.

La part de chacun des professeurs étant de 21 sous par examen, on peut estimer à 60 ou 70 livres en moyenne la somme qui leur revenait de

---

(1) Archives du Calvados. Université. Conclusions de la Faculté des Arts, 1741 et suiv.

ce chef pendant la plus grande partie du siècle. Exceptionnellement, elle fut de 95 livres 7 sous en 1780, pour tomber dans les années suivantes à moins de 75 livres. Elle ne fut que de 12 livres 15 sous en 1790 et de 2 livres 2 sous en 1792. Mais, à cette dernière date, la Faculté des Arts, réduite à quelques professeurs, n'avait plus, comme l'Université elle-même, qu'une existence purement nominale.

Au produit des maîtres ès arts s'ajoutait celui des dons soi-disant gratuits, en réalité obligatoires, des nouveaux officiers. Les registres de la Faculté nous apprennent par exemple qu'en 1783, l'installation du sieur Saint-André dans une charge de messager valut à chacun de ses membres une somme de 20 livres. Par contre, des étudiants pauvres étaient exemptés des droits d'examen. Il arrivait assez fréquemment qu'un professeur renonçât à rien recevoir d'un jeune homme dont il connaissait la situation précaire, comme il avait pu dans sa classe le dispenser du paiement de l'honoraire. Ce désintéressement était une des meilleures traditions de l'ancienne Université. On sait qu'elle n'a pas entièrement disparu des lycées et collèges de l'Université moderne.

Les professeurs de la Faculté des Arts trouvaient encore une ressource éventuelle dans les « distributions » qui suivaient les obits ou services funèbres pour d'anciens bienfaiteurs de l'Université. C'était une sorte d'indemnité payée à ceux qui prenaient part à la cérémonie. Des gratifications étaient encore accordées à l'occasion du Palinod à l'auteur du « Protrepticum » ou « Invitation aux Poètes », pièce de vers latins d'une étendue parfois assez considérable, ainsi qu'aux juges du concours.

Discipline et Éducation. — Caractère moral et religieux de l'Éducation dans les Collèges. — L'arrêt-règlement de 1586 sur les disciplines libérales de l'Université rappelait en termes d'une grande élévation la nécessité de donner à la jeunesse une bonne direction morale : « Et ne seront yceulx régents moins soigneux d'instruire et bien former les mœurs de la jeunesse, que de leur apprendre les lettres, tant par bons exemples que par des admonitions, chastiant doucement de paroles, ou excitant les négligents ou tardifs : et surtout qu'ils les instruisent d'être véritables en leurs paroles et simples en leurs actions. » La religion, que nul n'eût songé à séparer de la morale, pénétrait de toute part la vie de l'écolier : elle présidait à tous les exercices et rehaussait l'éclat des solennités universitaires qui toutes étaient des fêtes religieuses. De même que la théologie, le droit, la médecine étaient placés sous l'invocation de saint Thomas d'Aquin, de saint Yves et de saint Luc, la Faculté des Arts avait pour patronne sainte Catherine, dont la fête se célébrait le 25 novembre. C'était le jour de la Nativité de la Vierge (8 décembre) qu'avait lieu le concours du Palinod : à la Purification (2 février), un élève de rhétorique prononçait devant l'Université assemblée dans l'église des

Cordeliers une sorte de sermon ou de discours édifiant (1). Les grandes solennités de l'Église étaient chômées dans les petites comme dans les grandes écoles.

L'édit de 1586, au nombre des devoirs qu'il imposait aux principaux des collèges, plaçait en première ligne celui de « nourrir et élever les enfants dans la crainte de Dieu ». A cet effet, il prescrivait de choisir, « selon le bon plaisir et authorité du sieur Evesque de Bayeux et chancelier de l'Université, en chacun collège, un lieu propre pour servir de chapelle, où la messe et le service divin sera célébré tous les jours à sept heures du matin depuis la Saint-Denys jusques à Pasques, et à six heures après Pasques ». La journée scolaire s'ouvrait donc par l'assistance à la messe, et il était recommandé aux principaux de prendre garde que les écoliers y fussent attentifs et y apportassent leurs heures. Les principaux eux-mêmes, ainsi que

---

(1) Cet usage est attesté par divers documents et notamment par un programme pour la fête de la Vierge Marie, imprimé par Pyron en 1784 :

« Beatissimam Virginem Mariam immaculatam
et integram vitæ peccati que puram
publica oratione
celebrabit
Ludovicus Caille-Desfontaines Cadomœus
In æde RR. PP. Franciscanorum.

Mardi 7 décembre 1784.

Adeste frequentes et favete. »

les régents et les domestiques, devaient assister au service divin.

Ces prescriptions, il faut l'avouer, ne furent pas toujours fidèlement observées. Déjà, en 1721, les professeurs du Collège du Bois se plaignaient à l'Université que leur principal, Maheult de Sainte-Croix, négligeât de faire célébrer la messe quotidienne, tout en continuant de recevoir la rente destinée à payer le service de l'officiant. Bien avant le règlement de 1777 où il n'est plus fait mention de la messe, l'assistance avait cessé d'en être obligatoire pour les écoliers comme pour les maîtres (1).

(1) A en croire les assertions d'Adam, professeur de philosophie au Collège du Bois, la suppression de la messe quotidienne aurait eu surtout pour but d'épargner « la délicatesse des régents qui, en fait, s'abstenaient le plus souvent d'y paraître ». « Je défie, ajoute-t-il, qu'on cite un jour de classe, depuis quinze ans, où tous les régents des classes inférieures aient assisté à la messe des collèges pour y conduire leurs écoliers et les y contenir. Il en résulte que les écoliers, abandonnés à eux-mêmes, sans avoir l'exemple de leurs maîtres, n'ont plus ni piété ni religion. Au lieu d'assister à la messe, ils vont courir les rues, insultent les passants, jettent des pierres çà et là, cassent les vitres dans les collèges, troublent même le célébrant et les autres écoliers sur lesquels le mauvais exemple n'a pas encore prévalu. Ils empêchent les autres d'entrer dans les chapelles des collèges. Que peut faire un professeur dans ce moment, qui se trouve seul assistant à la messe ?... Qu'il aille dans les cours, les écoliers lui rient au nez, fuient vers la rue, et il ne peut les connaître. S'il en porte sa plainte, un ris moqueur, avec lequel on lui répondra, l'obligera une autre fois à demeurer tranquille. » Il convient de remarquer qu'Adam était alors en procès contre la Faculté des Arts (1778).

Bibliothèque municipale. Manuscrits. Mémoire sur l'ancienne Université, II.

C'était la classe de philosophie qui servait de chapelle dans les collèges du Bois et des Arts. Il en fut de même au Collège du Mont jusqu'à la construction de la chapelle monumentale, aujourd'hui désignée sous le nom de Notre-Dame de la Gloriette, vers la fin du XVIIe siècle.

Cependant, les règlements intérieurs des collèges ne cessèrent jamais de s'inspirer d'un esprit purement religieux. Celui de 1777, rédigé par la Faculté des Arts et simplement homologué par le Parlement, prescrit, dans son article premier, à tous les écoliers, de quelque classe que ce soit, « de s'approcher du sacrement de la pénitence au moins cinq fois l'année, savoir: aux fêtes de la Toussaint, de Noël, première semaine du Caresme, à Pasques et la Pentecôte, et d'en produire à leur professeur la preuve qu'il exigera ». Aux termes du même règlement, les écoliers de philosophie et de rhétorique devaient réciter par mémoire, à la dernière classe de chaque semaine, l'évangile du dimanche; ceux de seconde et de troisième, les maximes de M. Rollin; ceux de quatrième et de cinquième, le catéchisme du diocèse. A la même classe, les professeurs devaient faire une explication d'un texte religieux ou une lecture de piété. Cet exercice se renouvelait même plus fréquemment pendant la période du Carême.

Peut-être en fut-il de ces récitations pieuses et de ces lectures édifiantes comme de la messe quotidienne? L'esprit d'incrédulité, si universellement répandu déjà, s'arrêtait-il au seuil des collèges? On

peut affirmer du moins que la « philosophie »
comptait plus d'un adepte parmi les maîtres comme
parmi les élèves des collèges. Les cartons des collèges aux Archives du Calvados renferment en effet
nombre d'extraits de l'*Encyclopédie*, du *Dictionnaire Philosophique*, de l'*Histoire Philosophique
des Deux-Indes* et autres ouvrages d'un caractère
nettement antireligieux, et si, par l'orthographe
comme par l'écriture, certaines de ces pièces semblent plutôt l'œuvre d'individus illettrés, on ne
saurait nier que pour l'immense majorité elles
aient appartenu à des élèves ou à des professeurs.
Plusieurs de ces derniers ont joué sous la Révolution un rôle assez peu édifiant, et peut-être serait-on autorisé à douter de la sincérité de leurs convictions religieuses dès le temps de l'Ancien Régime.
Mais des hypothèses de ce genre sont toujours
hasardeuses. La secousse de 1789 ébranla bien des
têtes et peut-être que, sans la Révolution, Dautresme-Desclosets, le futur président du Comité
révolutionnaire, et J.-B. Vittrel, le premier qui
déposa ses lettres de prêtrise, auraient laissé la
réputation de chrétiens irréprochables. Ce qu'on
peut affirmer sans crainte d'erreur, c'est que faute
d'une autorité forte et respectée, les prescriptions
relatives à la religion, comme en général à la discipline, durent rester bien souvent lettre morte. Il y
eut toujours fort loin de la lettre des statuts à la
pratique journalière des collèges, et la seule étude
de leurs règlements ne saurait donner l'image de la
vie qu'on y menait. « Règle rigide, pratique molle,

tout l'Ancien Régime est là », dit Tocqueville. L'Université de Caen ne faisait pas exception.

Les Études. — Aux termes des statuts de 1439, les écoliers de la Faculté des Arts commençaient par apprendre, sous des maîtres exercés, la grammaire et les anciens auteurs, les bonnes manières de s'exprimer, la mesure et l'accentuation, avec la distinction des longues et des brèves; plus tard, ils abordaient l'étude des livres d'Aristote et se préparaient ainsi aux épreuves du baccalauréat. Au XVIIIe siècle, et jusqu'à la réforme de 1786, les classes de cinquième et de quatrième représentaient dans les collèges ce qu'on pourrait appeler la division de grammaire; celles de troisième et de seconde formaient les Humanités, celles de rhétorique et de philosophie constituaient une sorte de division supérieure dont aucun candidat à la maîtrise ès arts ne pouvait s'affranchir, car nul n'était admis en philosophie sans justifier d'une rhétorique régulièrement faite, et, pour se présenter aux épreuves de la maîtrise, il fallait avoir suivi pendant deux années un cours de philosophie.

Dans toutes les classes, la part du latin était prépondérante, mais de continuels exercices de traduction, la comparaison incessante des tournures latines et françaises, permettaient aux bons élèves d'acquérir une égale aisance dans le maniement des deux langues: beaucoup avaient ainsi comme une double langue maternelle. Les sciences n'étaient un peu sérieusement étudiées que dans l'année consacrée à la physique. Quant au grec, à l'histoire et à la géographie, ils n'avaient dans l'ensemble des exercices scolaires qu'une place très restreinte. Les langues vivantes n'en avaient aucune.

Par quelles méthodes s'enseignait le latin, et quels étaient les programmes des différentes classes ? Il est difficile de répondre à ces questions avec précision, vu l'absence d'un plan d'études détaillé ; du moins peut-on affirmer que l'étude du rudiment, les thèmes et les versions, les traductions d'auteurs dans toutes les classes, les vers latins et les amplifications latines dans les classes d'humanités et de rhétorique constituaient, avec la récitation de textes sacrés ou profanes, les matières ordinaires de l'enseignement. A ce régime, les écoliers, en même temps que s'affinait leur esprit et se formait leur goût, apprenaient à écrire avec pureté, parfois avec élégance, la langue de Cicéron et de Virgile. Quant aux livres mis entre leurs mains, ils ne devaient guère différer de ceux en usage dans les collèges parisiens, et c'est dans la haute et pure doctrine du *Traité des Études,* de Rollin, que les maîtres de l'Université de Caen, comme leurs collègues de l'Université de Paris, allaient puiser leurs inspirations (1).

---

(1) Quelques titres d'ouvrages classiques publiés par des professeurs de l'Université de Caen nous ont été conservés : Henry Guéroult, régent de cinquième au Collège du Bois, avait fait paraître en 1757 une grammaire latine. J.-B. Dautresme, régent de cinquième au Collège du Mont, était aussi l'auteur

Si l'étude du français, dans les classes inférieures, ne se séparait guère de celle du latin, on peut se demander à quel point elle en était distincte dans les classes d'humanités et de rhétorique. Tout ce qu'on peut dire, c'est que les chefs-d'œuvre de notre littérature au XVIIe et même au XVIIIe siècle n'y étaient pas inconnus, et qu'au moins dans les derniers temps de l'Université, il y avait en rhétorique un prix de discours français. D'ailleurs, le système des Universités ne semble pas avoir privé aucun de nos grands écrivains de ses qualités solides ou brillantes, ni empêché les gens du monde de se servir avec aisance de leur langue maternelle (1).

Le grec était de plus en plus négligé à Caen comme à Paris depuis le XVIe siècle. Les parents, bien avant la Révolution, s'entendaient pour déclarer inutile une étude dont ils disaient n'avoir rien retenu. Chez les Jésuites même, bien que plus indépendants à l'égard des familles et plus maîtres de leurs programmes, il n'eut jamais qu'une importance secondaire. Dans les collèges où il était obligatoire à partir de la cinquième, le grec n'excitait dans la masse des écoliers qu'une attention distraite et une dédaigneuse répugnance. Seuls les

---

de livres élémentaires, tels que le Rudiment nouveau, le Traité des concordances et particules, les Principes de la langue française.

(1) V. Lantoine : *Histoire de l'Enseignement secondaire en France au XVIIe et au XVIIIe siècle*, et Sicard : *Les études classiques en France avant la Révolution*.

plus studieux pouvaient offrir, à Caen comme à
Paris, autre chose qu'une médiocrité insupportable.
A en croire certains témoignages, à la fin du XVIIIe
siècle la compétence manquait même aux professeurs pour s'acquitter convenablement de cette
partie de leur tâche : « Si les principaux excluaient
de leurs collèges ceux de leurs régents qui, non
seulement n'enseignent pas, mais ne savent même
pas cette langue, écrivait Adam en 1778, il se trouverait bien des places vacantes. » C'était le langage
d'un mécontent, mais, comme dit Lantoine, « le
XVIIIe siècle a eu des humanistes ; il n'a pas eu
d'hellénistes ».

Jusqu'en 1786 la Faculté des Arts n'avait pas de
chaire spéciale pour l'enseignement historique et
géographique. Celui-ci était donné dans chaque
classe par le régent ordinaire ; aussi ne comprenait-
il guère que de sèches notions chronologiques et
une aride nomenclature. Encore l'histoire sainte et
surtout l'histoire ancienne y tenaient-elles plus de
place que l'histoire de France, réduite d'ailleurs à
l'histoire des rois, et surtout que l'histoire générale (1). La légende y régnait en maîtresse, et la
critique y faisait totalement défaut.

On peut juger, par le programme d'un exercice

(1) D'après un cours dicté dans un des collèges de Caen en
1764 et 1765, l'histoire universelle se divise en sept âges, dont le
premier, depuis la création du monde jusqu'au déluge, comprend exactement 1656 ans. Les autres divisions sont également
fondées sur les récits de la Bible : tel le sixième âge, qui va de
la liberté rendue aux Juifs par Cyrus jusqu'à la naissance de

sur l'histoire de Rome, conservé aux Archives du Calvados, du caractère tout élémentaire et superficiel de l'enseignement de l'histoire dans les collèges de Caen au XVIIIe siècle. Après des questions d'ordre très général sur l'objet de l'histoire, le but qu'elle se propose, etc., l'auteur passe en revue les épisodes les plus connus de l'histoire légendaire des rois, les guerres de la République, avec leur cortège d'anecdotes plus ou moins historiques, mais il ignore tout des révolutions intérieures de la société romaine. En revanche, s'il ne mentionne pas même le nom des Gracques, il n'omet point de demander « par où Pompée marqua son respect pour le temple du vrai Dieu ». On ne concevait pas d'ailleurs que l'histoire pût à elle seule occuper toute une séance, et, après avoir répondu sur l'histoire romaine, les élèves étaient interrogés sur le IVe livre de l'*Énéide*. Ils devaient fournir toutes les explications de littérature, d'histoire, de mythologie, etc., que le texte pouvait comporter.

La géographie du monde ancien était enseignée dans certaines classes en vue de l'intelligence des auteurs sacrés ou profanes; la géographie mathématique faisait aussi l'objet d'un enseignement sérieux, sinon très détaillé, dans les hautes classes, mais la géographie moderne consistait dans une

---

Jésus-Christ, « qui arriva l'an du monde 4000, le 25e décembre ». Le septième s'étend depuis la naissance de Jésus-Christ jusqu'à la fin des siècles.

Archives du Calvados. Université. Anciens cahiers d'élèves.

description sommaire de la France, plus sommaire encore de l'Europe et des autres parties du monde. Seules y figuraient, avec quelque détail, les divisions politiques et administratives; on ne trouverait pas dans les cahiers d'élèves qui nous ont été conservés la moindre description des régions physiques les plus importantes. Même pour la France, toutes les notions d'orographie aussi bien que d'hydrographie se résument dans une insignifiante nomenclature (1).

(1) Nous avons cependant trouvé dans un cahier des notes sur le Japon et la Chine qui, pour être trop succinctes, ne manquent cependant ni de justesse ni d'intérêt. Les Japonais y sont représentés comme basanés, spirituels et laborieux. On remarque qu'ils n'ont jamais été subjugués par une autre nation et qu'ils méprisent les étrangers, qu'ils sont idolâtres et haïssent tous ceux qui ne suivent pas leur religion.

Les Chinois, de leur côté, sont « spirituels, civils et magnifiques », mais ils sont prévenus en faveur de leur nation qu'ils préfèrent à toutes les autres. « Il n'y a pas de nation païenne, dit notre auteur, où les mœurs soient si pures, où la justice soit mieux administrée. Ils aiment les arts et les sciences, sans égaler cependant les Européens. On ne sait s'ils ont eu avant ceux-ci l'usage de l'imprimerie, de l'artillerie et de la boussole. Ils excellent dans les feux d'artifices et la politique... mais ils ne sont pas guerriers, et leur conquête a peu coûté aux Mongols... Leur écriture est hiéroglyphique: chaque caractère est signe d'une chose... Les savants, qu'on nomme lettrés, passent pour reconnaître l'existence de Dieu. Ils révèrent le philosophe Confucius qui, dans le VIe siècle avant Jésus-Christ, s'appliquant à la description des mœurs, comme fit Socrate dans le siècle suivant, civilisa les Chinois. »

Archives du Calvados. Université. Cahiers d'élèves.

Rhétorique. — Le cours de rhétorique se faisait en latin. Chaque professeur dictait le sien, où, avec les principes de l'art oratoire empruntés aux auteurs anciens, se retrouvait la longue et pédantesque énumération des figures signalées par les grammairiens, et proposées à l'étude des rhéteurs novices, qu'il leur fallait reconnaître dans les chefs-d'œuvre classiques et faire passer dans leurs propres compositions. L'impression de ces cours eût épargné aux maîtres une perte de temps, aux écoliers un travail fastidieux. Soit amour-propre d'auteurs, soit désir d'attirer dans les classes des jeunes gens qui auraient pu être tentés d'étudier dans les livres, les professeurs tenaient à cette tradition du cours dicté. A la veille même de la Révolution, l'Université de Paris en était encore à regretter qu'il n'y eût pas de bon traité de rhétorique à l'usage des écoliers. Elle conseillait aux maîtres de puiser, pour la rédaction de leurs cours, les principes de la rhétorique dans l'étude des meilleurs auteurs, tels qu'Aristote, Longin, Cicéron et Quintilien: elle recommandait en outre quelques ouvrages inspirés du IIe livre du *Traité des Études* de Rollin.

Heureusement pour les écoliers condamnés à écrire sous la dictée des définitions et des règles dont le sens devait échapper à plus d'un, les cours de rhétorique étaient illustrés de citations des classiques latins ou français, en nombre plus ou moins considérable, selon le goût des professeurs. Boisne, au Collège du Bois, en 1745, dans sa « Compendiosa Rhetoricæ tractatio », multiplie les exemples tirés des auteurs modernes, latins ou français, sans oublier des contemporains tels que J.-B. Rousseau et le P. Du Cerceau (1). L'auteur inconnu d'une « Institutio oratoria », datée de 1756, offre un choix plus abondant encore de citations bien choisies, mais il n'est pas possible d'affirmer que ce professeur, homme de goût et d'esprit très cultivé, ait appartenu à l'Université. Il semble même probable, vu le nombre des exemples tirés des œuvres des PP. du Cerceau, Sanadon et autres écrivains de la Compagnie de Jésus, qu'il devait occuper la chaire de rhétorique du Collège du Mont (2).

Philosophie. — Le cours de philosophie comprenait deux années, l'une consacrée à l'étude des sciences abstraites : logique, métaphysique et morale; l'autre à l'étude des sciences physiques. De même que les cours de rhétorique, ceux de philosophie étaient dictés par les professeurs.

Plusieurs de ces traités nous ont été conservés. Celui qui fut professé par Le Guay au Collège du Mont, en 1749, et dont une copie se trouve à la Bibliothèque municipale, est divisé en trois parties, dont la première, sous le titre de « Prælectiones », traite des conditions générales de la certitude et des lois du raisonnement et se termine par un aperçu de l'histoire de la philosophie; le deuxième

---

(1) Bibliothèque municipale, ms. in-8°, 55.
(2) Ibid., ms. in-8°, 72.

a pour objet la logique et la morale, et le troisième la métaphysique (1).

Bien que les professeurs s'abstinssent prudemment de traiter en classe certaines questions particulièrement délicates, plus d'un fut en butte aux soupçons de l'autorité religieuse. Il est vrai que sous le couvert de la religion se cachaient parfois des passions très profanes. Nous parlerons ailleurs du factum publié en 1720 par le P. de Gennes, de la Société de Jésus, contre Jourdan, professeur de philosophie au Collège du Bois, et des accusations portées en 1763 contre la doctrine de Levéque, professeur de philosophie : ce sont là des incidents de la lutte ouverte ou dissimulée qui, du premier au dernier jour, marqua la rivalité des Jésuites et de l'Université.

Plus graves et, à ce qu'il semble, mieux fondés étaient les reproches formulés contre l'enseigne-

---

(1) Chacun des deux volumes dont se compose le manuscrit contient un certain nombre de planches où l'on voit des portraits de philosophes célèbres ou des figures schématiques telles que celles de divers syllogismes : Épicure y est représenté en jeune élégant du XVIe siècle avec une moustache et cheveux bouclés; Martin Luther, au contraire, a les traits d'un vieillard; au-dessous de son portrait se lisent les noms d'apostat et d'hérétique, avec les vers suivants :

> Flambeau fatal dont la clarté
> A fait précipiter tant d'âmes;
> L'orgueil et l'impudicité
> Ont allumé les tristes flammes.

Bibl. mun., ms. in-8°, 58.

ment de Gadbled, professeur de philosophie au Collège des Arts, par Hardouin, principal du collège en 1771. Dénoncé à l'Université, Gadbled fut mis en demeure de désavouer certaines opinions contraires aux enseignements de l'Église. Après avoir protesté de la pureté de ses intentions, il n'hésita pas à reconnaître « qu'ayant été obligé de donner rapidement ses dictées, attendu l'embarras d'un procès dans lequel il était engagé, la suite des idées avait pu le conduire à des idées moins faites pour des écoliers de philosophie que pour des personnes vraiment instruites.....

« Ayant employé dans ses thèses un style laconique, à l'effet d'insérer plus d'assertions intéressantes,... il pourrait bien être arrivé qu'il eût omis des idées intermédiaires qui auraient fait ressortir quels étaient ses véritables sentiments... » Il se déclarait d'ailleurs prêt à faire tant dans ses cahiers que dans ses thèses les changements convenables (1).

Deux ans plus tard, des thèses annoncées par le même professeur motivaient de nouvelles plaintes de la part du principal et provoquaient la nomination de deux commissaires chargés par la Faculté d'étudier l'affaire et d'en présenter leur rapport dans le plus bref délai (novembre 1773).

Nous ignorons si ce rapport fut jamais déposé; mais si, comme il paraît probable, le professeur imprudent dut encourir une fois de plus l'humilia-

---

(1) Arch. du Calv.-Université. Concl. de la Faculté des Arts, 26 juin 1771.

tion d'un désaveu, cette rétractation ne l'empêcha pas d'introduire, dès l'année suivante, dans les thèses qu'il faisait subir publiquement à ses élèves, des propositions où se ressent plutôt l'influence de l'Encyclopédie que celle des Pères de l'Église. Dans un exercice sur l'introduction à la vraie philosophie, au mois de juin 1774, il déclarait que dans la logique ordinaire des collèges, « on ne trouve rien autre chose que des logomachies et des billevesées ». Les scolastiques, suivant lui, n'avaient pas connu les vrais fondements de la morale, et, faute de cette connaissance, n'avaient pu rendre aimable la pratique de la piété et de la vertu. « Ne les imitons point, disait-il pour conclure. Fouillons jusqu'au terrain vierge: remontons jusqu'aux vrais principes. Voyons comme Jésus-Christ (si cependant on peut parler ainsi, même abstraction faite de sa divinité). Nous trouvons que la morale tout entière roule sur ces deux principes: qu'il faut introduire dans la société la plus grande somme de bonheur, qu'il faut se rendre heureux, mais d'un bonheur durable et solide et qui ne soit jamais exclusif du bonheur des autres. (1) »

Ce n'était pas seulement la vieille langue scolastique qui dans un tel programme faisait place à la langue vulgaire, c'était un esprit nouveau, l'esprit de Voltaire et de l'Encyclopédie, que le chanoine du Saint-Sépulcre installait dans la chaire de l'Université. Cette hardiesse de pensée ne pouvait man-

(1) Bibliothèque municipale. Brochures normandes. Ancienne Université, II.

quer de choquer les convictions d'un corps tout pénétré de la doctrine catholique. Aussi, bien que les Registres des conclusions ne fournissent à cet égard aucune indication, n'hésitons-nous pas à expliquer par le scandale causé et l'émotion qui s'ensuivit, la détermination que prit bientôt après Gadbled de renoncer à l'enseignement de la philosophie pour se consacrer tout entier à celui des mathématiques.

La dictée des cahiers de Philosophie. — Une question de méthode de grande importance et qui fut discutée à diverses reprises, et surtout en 1778 et 1779, est celle de la dictée des cahiers de philosophie dans les collèges.

Le système des dictées avait soulevé depuis longtemps de nombreuses et vives critiques. Qualifié « d'opération ridicule depuis la découverte de l'imprimerie » par l'Encyclopédie (article Études), il était condamné par des hommes d'esprit aussi modéré que le président Rolland qui, en 1761, réclamait à la fois la substitution du français au latin dans l'enseignement de la philosophie et la publication d'un traité rédigé sur le modèle de la Logique de Port-Royal. L'ancien usage n'en persistait pas moins, à la faveur de cette répugnance contre les innovations, commune à tous les corps depuis longtemps en possession d'un monopole.

La réforme avait cependant, à Caen aussi bien qu'à Paris, des partisans convaincus, même parmi les professeurs de philosophie: en effet, le 15 octobre 1778, la Faculté des Arts était saisie d'une plainte contre deux professeurs de philosophie, Louis Duchemin et Adam, accusés d'avoir distribué à leurs élèves du Collège des Arts et du Collège du Mont des cahiers imprimés, et cela contrairement aux règles et traditions de l'Université. La plainte émanait des deux autres professeurs de philosophie, Emmanuel Vittrel et Jouvin, le premier professeur au Collège du Mont, le second collègue d'Adam au Collège du Bois.

La Faculté chargea son doyen, Coquille-Deslonchamps, professeur de rhétorique au Collège du Bois, de lui faire un rapport sur la question et, en attendant, arrêta que l'ancien usage de la dictée serait maintenu dans toutes les classes de philosophie.

Le rapport de Coquille-Deslonchamps se prononça contre l'innovation projetée. Après avoir rappelé que la question fut longtemps agitée dans l'Université de Paris et que la dictée ne triompha définitivement qu'en 1452, lors de la réforme accomplie par le cardinal d'Estouteville, qu'elle avait subsisté depuis lors, en dépit des attaques du savant Ramus, il exposait les raisons qui devaient à son avis faire préférer ce système, soit dans l'intérêt de la science même, soit dans celui de la discipline.

La dictée, disait-il, permettait au professeur de perfectionner et de compléter chaque année ses cahiers, à mesure qu'il acquérait, par la réflexion et par l'étude, de nouvelles connaissances, tandis qu'une compilation, une fois imprimée, malgré ses imperfections inévitables, ne pouvait plus être retouchée.

C'était d'ailleurs le seul moyen dont on disposait pour forcer les élèves à l'assiduité, d'autant plus nécessaire à Caen que les écoliers, au lieu d'être renfermés dans l'enceinte des collèges mêmes ou des pensionnats réglés, étaient épars dans la ville, sans surveillants, maîtres absolus de leur conduite. Déjà l'année précédente on avait dû arrêter un règlement diminuant la durée excessive de la vacance... Les dispenser d'écrire eux-mêmes leurs cahiers, ce serait leur permettre de n'arriver qu'à la Toussaint ou même plus tard, de prolonger leur absence à Pâques et de partir dès le commencement de juin; l'obligation de faire pointer les cahiers pouvait seule les forcer à être assidus. Ce serait d'ailleurs une précaution contre la négligence ou l'indulgence possible des professeurs, et il dépendrait toujours de ces derniers que la dictée fût correcte et sans lacunes. Il leur suffirait d'y tenir la main.

Il était faux d'ailleurs que la dictée fût inutile. « Scriptio bis lectio », disait un adage. L'écolier s'affectionnait aux cahiers écrits par lui: les considérant comme son propre ouvrage, il les étudiait avec plus d'intérêt.

D'autre part, les appels fréquents et les menaces d'exclusion ne suffiraient pas pour imposer l'assiduité. Ne pouvait-il exister entre les professeurs d'autre émulation que celle d'âmes nobles et vertueuses? Ne pourrait-il y avoir des professeurs qui chercheraient à se faire une réputation de complaisance pour peupler leurs classes et faire déserter celles de leurs collègues plus rigides ? L'exemple des écoles militaires et des séminaires, où les cours imprimés étaient en usage, ne pouvait être invoqué; ces établissements étant des internats ne pouvaient en souffrir. Il en serait autrement des collèges si les cahiers de philosophie étaient livrés à l'impression. Les jeunes gens, une fois en possession des cahiers des professeurs de l'Université, se laisseraient attirer par le premier pédant qui se chargerait de les conduire, et les familles saisiraient ce moyen d'échapper aux dépenses qu'entraîne le séjour dans les Universités.

Il n'y avait donc qu'à se conformer aux statuts comme aux usages de l'Université de Paris, « la mère de toutes les autres », laquelle exigeait des candidats à la maîtrise ès arts, non seulement l'attestation qu'ils avaient suivi les cours « scriptis et auribus », mais encore le pointage des cahiers écrits sous la dictée du professeur, par le censeur de la nation à laquelle il appartenait.

Ce rapport, présenté à la Faculté des Arts le 10 novembre et à l'Université le lendemain, fut approuvé par l'une et l'autre assemblée.

Les novateurs ne se tinrent pas pour battus: ils en appelèrent au Parlement et rédigèrent à l'adresse de la Cour et du public des observations sur la méthode la plus utile pour assurer le progrès des études et la célébrité de l'Université. Nous n'avons pas le texte de ce mémoire, qui ne contenait pas moins de 60 pages d'impression, mais la modération n'était guère dans les traditions des Universités de l'Ancien Régime, et moins encore dans les habitudes d'Adam, l'un des professeurs mis en cause, ainsi qu'on en peut juger par le style d'un autre mémoire rédigé par lui l'année précédente, au sujet du règlement voté par la Faculté des Arts. Celle-ci s'empressa de protester contre l'œuvre des deux professeurs dissidents, « dont les imputations injurieuses étaient capables de faire naître des impressions fâcheuses », et chargea son doyen d'écrire sans retard au Premier Président et au Procureur général que la Faculté, indignée des injures atroces qu'avaient osé formuler contre elle deux de ses membres, suppliait instamment la Cour de n'ajouter aucune foi à des imputations calomnieuses.

La Faculté n'avait pas tort de mettre sa confiance dans les dispositions favorables du procureur général, M. de Belbeuf. Ne s'était-il pas, à deux reprises, dans des lettres adressées au doyen Coquille-Deslonchamps, déclaré pour le maintien des traditions? Sans méconnaître les raisons qui au premier abord pouvaient militer en faveur de l'impression des cahiers, il estimait avec la Faculté que pour contenir et fixer à l'étude les écoliers légers, paresseux et quelquefois même débauchés qui pouvaient se trouver dans les Universités, il fallait s'en tenir aux usages que l'expérience avait établis: « Nos pères, disait-il, étaient aussi sages que nous,... et les critiques du passé sont le plus souvent des hommes très légers. » Par suite, il tenait fort aux anciens usages et croyait essentiel d'arrêter les innovations. Il écrivait même dans sa deuxième lettre une phrase qui prouve chez le digne magistrat une médiocre confiance dans cette fameuse doctrine du progrès alors si universellement acceptée : « Notre siècle n'est pas le plus éclairé, quoique le plus raisonneur » (novembre 1778).

Cependant, la Cour, dans un premier arrêt en date du 28 janvier 1779, tout en réservant le fond, avait reçu l'appel des deux professeurs de philosophie et provisoirement leur avait reconnu le droit de distribuer des cahiers imprimés. Ce fut au tour de l'Université de protester. Forte de l'approbation de l'Université de Paris, de celles d'Angers, Nancy, Reims, Orléans, unanimes à déclarer obligatoire l'usage de la dictée, elle réclamait l'annulation de l'arrêt du 28 janvier « comme rendu sur informations insuffisantes et fausses, et contraire aux traditions des Universités de Paris et de Caen, cette dernière étant affiliée à l'Université de Paris ».

Dans son mémoire imprimé, non contente d'affirmer l'utilité de la dictée, elle invoquait le respect dû à ses privilèges : « Quand cette utilité ne serait pas aussi frappante qu'elle l'est, disait-elle, l'Université opposerait encore à l'innovation les privilèges qui soutiennent son existence. En vain, les avantages d'une nouvelle méthode pourraient frapper la Cour. Son autorité serait retenue par sa justice. »

L'Université traitait d'ailleurs fort durement ses deux membres indociles : « Que les sieurs Adam et

Duchemin, disait le mémoire, communiquent à leurs contemporains par la voie de la presse le fruit de leurs veilles savantes, ils le peuvent. Qu'ils engagent même leurs écoliers à acheter leurs imprimés, ils le peuvent encore, parce que les derniers édits ont permis aux auteurs de trafiquer eux-mêmes des productions de leur esprit, mais qu'ils dictent néanmoins leurs cahiers. Ils le doivent parce que les lois l'ordonnent, et que le bien des études l'exige. »

Alexandre, agrégé des droits, avait été député à Rouen pour faire connaître au Parlement le vœu de l'Université, et même intervenir au procès si l'intérêt général semblait le demander. La Cour entra dans ses vues et par un arrêt en date du 20 mai 1779 ordonna l'homologation de la conclusion de la Faculté des Arts, relative aux dictées. Toutefois, elle s'abstint de se prononcer sur le principe même de la réforme et d'approuver cet usage de la dictée qui semblait à beaucoup de bons esprits un legs barbare du passé : « sauf à l'Université de Caen, disait-elle en terminant, de proposer par la suite tels règlements qu'il appartiendra pour l'avantage et le progrès des études (1) ».

Le Latin, langue de la Philosophie. — En général, les professeurs de philosophie restaient fidèles à l'usage du latin, même pour l'enseignement des sciences. C'était en latin qu'étaient rédigés jusqu'aux

(1) Arch. du Calv. Université. Concl. du général, 1779.

derniers temps de l'Université les programmes d'exercices publics. En 1778, Duchemin écrivait en latin le programme des thèses qui devaient être soutenues par ses élèves du Collège des Arts sur l'ensemble de la philosophie (ex Universa Philosophia). On y trouvait des questions de physique et de géologie, en même temps que des théorèmes d'algèbre, de calcul différentiel, d'astronomie, etc. Bien qu'on ne puisse l'affirmer en l'absence d'indications précises, il est permis de croire que la soutenance de ces thèses se faisait également en latin.

On doit noter cependant les progrès que faisait à cette époque l'usage du français dans l'enseignement. Dès 1776, c'est-à-dire bien avant l'édit de 1786 qui allait consacrer sa victoire sur le latin comme organe de démonstration scientifique, Adam ouvrait dans sa classe du Collège du Bois un cours public de physique expérimentale, et, dans le programme qui nous a été conservé, annonçait qu'il expliquerait en français les expériences qu'il faisait en particulier pour ses élèves. L'affiche portait même que les tribunes de la classe seraient réservées aux dames (1).

La Maîtrise ès arts. — La maîtrise ès arts, comme notre baccalauréat, formait le couronnement des études classiques dans les collèges et ouvrait l'accès des Grandes Écoles. C'était d'ailleurs, au XVIIIe siècle, le seul grade conféré par la Faculté des Arts.

(1) Bibl. municipale. Broch. normandes. Anc. Université, II.

Les anciens examens de la déterminance précédant le baccalauréat, et de la licence qui le suivait, étaient depuis longtemps tombés en désuétude (1).

Pour être admis à se présenter à la maîtrise ès arts, il fallait justifier de deux années de philosophie (logique et physique) dans une Université fameuse. L'arrêt de 1699, sans doute en vue d'obvier à certains abus, avait rappelé cette prescrip-

(1) Les épreuves de la déterminance, qu'on pouvait subir dès l'âge de 14 ans, conduisaient au baccalauréat. Elles consistaient en disputes soutenues par les candidats, sous la présidence d'un maître. De même le baccalauréat s'obtenait non par une série d'examens individuels, mais à la suite d'interrogations publiques soutenues en commun par les divers candidats et portant sur certains livres d'Aristote. On n'était admis à subir ces épreuves qu'à la condition de justifier de son titre de déterminant, de faire preuve de connaissances grammaticales suffisantes, enfin de présenter le certificat du professeur dont on avait suivi les leçons. La préparation de la licence comportait aussi l'étude des traités d'Aristote sur la philosophie naturelle, la physique, la métaphysique et celle d'opuscules sur les mathématiques, où la musique figurait à côté de la géométrie. Les épreuves consistaient en cours faits par les candidats, en disputes contre les professeurs, régents et non régents, enfin en interrogations sur des questions diverses. Les candidats admis étaient présentés par ordre de mérite au chancelier de l'Université, qui leur conférait le grade en audience solennelle. Pour la maîtrise, il semble que la seule condition requise pour l'obtenir était d'avoir 19 ans et de posséder le degré de licencié ès arts. En audience solennelle, après des disputes contre ses futurs confrères et une leçon d'apparat, le candidat recevait des mains du président le bonnet de maître ès arts, prêtait le serment d'usage et la cérémonie se terminait par un repas somptueux et des réjouissances variées.

Voir de Bourmont : *La fondation de l'Université de Caen et son organisation au XVe siècle*.

tion et exigé que le nom des professeurs de philosophie ayant délivré le certificat fût mentionné explicitement dans le procès-verbal d'examen. Dans certains cas exceptionnels, tels que celui de la disparition du professeur, si l'attestation n'avait pu être délivrée, d'autres justifications pouvaient être admises, mais toujours la Faculté restait juge de leur validité. En outre, le candidat devait produire ses cahiers écrits de sa main, et cette dernière obligation fut rendue plus rigoureuse encore à la suite de la tentative faite par certains professeurs pour supprimer la dictée. A partir de 1779, les cahiers durent être poinçonnés par la Faculté elle-même, ou son représentant.

L'examen pour la maîtrise ès arts ne comportait point d'épreuves écrites, il n'y avait pas non plus de programme arrêté d'avance, mais le candidat devait répondre sur toutes les parties du cours de philosophie, aussi bien que sur la connaissance des auteurs; c'était même uniquement dans l'explication de textes classiques que consistait l'examen, lorsque le candidat avait soutenu des thèses publiques, car celles-ci étaient probatoires.

La commission d'examen était formée de quatre professeurs choisis annuellement par leurs collègues. Elle siégeait sous la présidence du doyen de la Faculté.

La durée des interrogations n'avait rien de fixe. Elle variait « selon la capacité des candidats et la connaissance qu'en avaient les examinateurs » : elles n'étaient pas publiques et, par suite, prêtaient au soupçon de partialité, d'autant plus que tous les membres de la commission ne se piquaient pas d'exactitude. Enfin l'on procédait, à certains jours tout au moins, avec une singulière rapidité. Chaque année, le 22 juillet, à l'ouverture de la session d'examens, on assistait à une véritable éclosion de maîtres ès arts : 43 le 22 juillet 1741, 24 à pareille date en 1742, 39 en 1743, etc. N'étaient-ce pas là trop souvent des examens de pure forme, et n'est-on pas fondé à croire que les examinateurs se bornaient parfois à contresigner les appréciations fournies sur les candidats par leurs collègues de philosophie, sans chercher à se faire sur leur savoir réel une opinion personnelle ?

S'il n'est pas possible d'affirmer qu'il n'y eut jamais d'abus dans les examens des maîtres ès arts, rien toutefois ne permet de supposer qu'il y eût à Caen des examens fictifs et que la maîtrise ès arts s'y achetât à prix d'argent, comme il arriva, paraît-il, dans d'autres Universités. Les interrogations terminées, la délibération était ouverte hors de la présence de l'intéressé. Chacun des examinateurs exprimait de vive voix son opinion. La majorité était-elle acquise au candidat, celui-ci était proclamé admis et le certificat était immédiatement rédigé et signé de tous les membres de la commission. Dans le cas contraire, il était ajourné à quinzaine, si l'on estimait que l'insuffisance de ses réponses tenait à une excessive timidité, renvoyé à six mois ou même définitivement écarté, selon que les lacunes de sa préparation avaient paru plus ou moins graves.

Cette exclusion sans appel était parfois prononcée même contre des prêtres (1).

La maîtrise ès arts, couronnement d'études que nous appellerions secondaires, n'avait donc au XVIII⁰ siècle aucune valeur scientifique réelle: cependant, la Faculté des Arts, toujours considérée comme d'ordre inférieur, ne disposait d'aucun autre titre permettant de constater chez ses membres ou ses étudiants un mérite exceptionnel dans l'ordre des lettres ou dans celui des sciences. Tout au plus les soutenances de thèses générales fournissaient-elles aux professeurs le moyen de faire briller au grand jour le talent de leurs élèves les plus distingués et de faire apprécier au public lettré l'excellence de leur propre méthode.

Les Thèses générales. — Une thèse était un exposé sommaire de la doctrine du professeur, dont les diverses propositions faisaient l'objet, de la part de l'écolier, d'explications et de développements plus ou moins étendus. Le texte imprimé, — parfois avec luxe, — en était affiché dans les locaux scolaires, distribué aux professeurs et aux personnages

---

(1) Conclusion de la Faculté des Arts en réponse à un questionnaire en date du 22 mars 1739. Le même document nous fait connaître le montant des droits à payer par les nouveaux maîtres ès arts, savoir 28 livres 8 sols comprenant la rétribution due au personnel universitaire : recteur, chancelier, membres de la Faculté, les frais de parchemin et de sceau, enfin la redevance à payer à l'hôpital général.

Arch. du Calv. Université. Concl. de la Fac. des Arts, 1739.

de distinction, ainsi qu'aux parents et amis du lauréat invités à assister à son triomphe. Les questions étaient-elles présentées sous une forme piquante et originale, le répondant faisait-il preuve dans la discussion d'esprit et de savoir, sa parole était-elle élégante ou seulement facile, l'auditoire déjà favorablement disposé se laissait volontiers gagner à l'enthousiasme. Les applaudissements éclataient, et telle de ces séances, grâce au talent du lauréat ou à l'art du professeur, qui lui fournissait l'occasion de briller, prenait les proportions d'un événement. Le collège tout entier, maîtres et écoliers, bénéficiait de la gloire d'un des siens.

Les thèses pouvaient porter sur l'ensemble des cours de philosophie (ex Universa Philosophia), ou seulement sur une des parties, la logique ou la physique. Nous avons le programme de celles qui furent proposées en 1779 par Emmanuel Vittrel, professeur de philosophie au Collège du Mont ; elles embrassaient à la fois la métaphysique, le calcul différentiel, l'hydrostatique et l'astronomie. D'autres programmes rédigés par le même professeur en 1784 se rapportaient seulement à quelques parties du cours. Mais, quel que fût l'objet de la thèse, le candidat qui l'avait soutenue, une fois qu'il avait satisfait aux examens ordinaires sur les auteurs classiques, pouvait inscrire sur le programme imprimé la formule sacramentelle « Pro laurea Magisterii ».

Les soutenances de thèses générales étaient réservées pour la fin de l'année scolaire. Aux termes du règlement de 1777, elles ne pouvaient commencer avant le 12 juillet. Toutefois, cette règle comportait des exceptions, car nous avons relevé les dates du 25 et même du 19 juin sur des thèses soutenues en 1784 (1).

(1) Le placard imprimé contenant le programme d'une thèse portait d'ordinaire comme en-tête les lettres D. O. M ou D. E. O. et se terminait par la mention suivante : Has theses, Deo Duce et auspice Deipara tueri conabitur N... Arbiter erit N... professor in collegio N... celeberrimæ Universitatis Cadomensis.

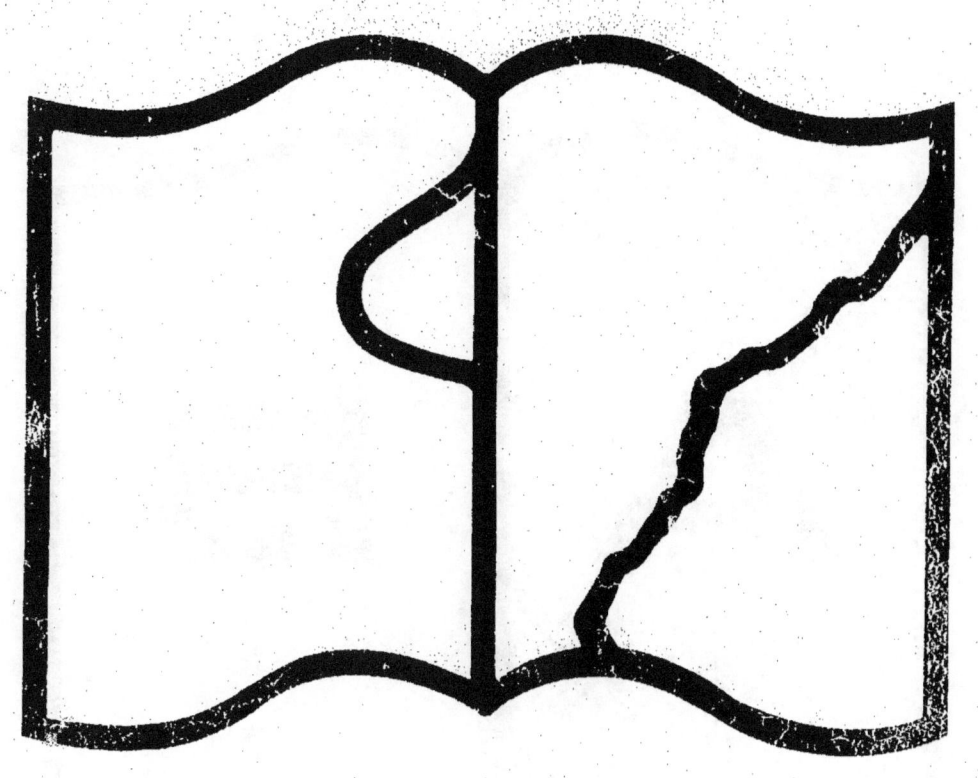

Texte détérioré   reliure défectueuse

NF Z 43-120-11

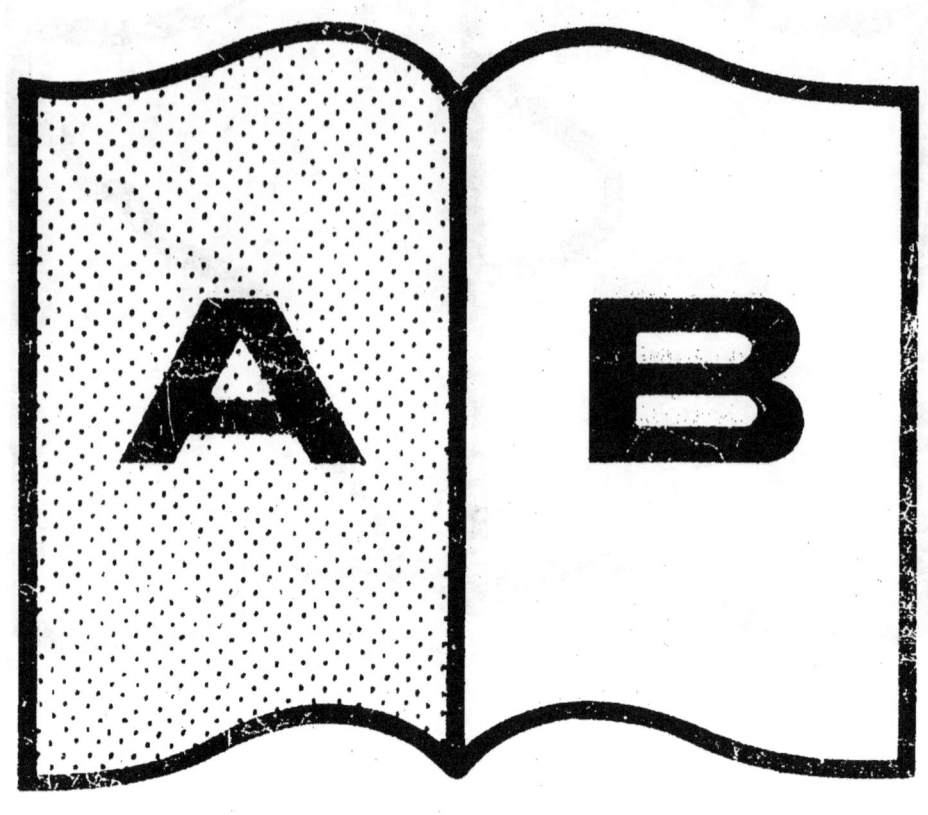

Contraste insuffisant

NF Z 43-120-14

www.ingramcontent.com/pod-product-compliance
Lightning Source LLC
Chambersburg PA
CBHW070158230526
45471CB00002B/715